JESÚS
EL MISMO

EL CRISTO CONVINCENTE
AYER, HOY
Y PARA SIEMPRE

CHARLES EDWARD JEFFERSON

Prólogo de Sam Laing

www.ipibooks.com

CONTENIDO

PRÓLOGO
Cambiado para siempre

Hay muchos libros que me han ayudado, pero solo unos pocos han hecho de mí quien soy. Este es uno de ellos. Conocí este hermoso y lúcido retrato de Jesús hace más de cuarenta años, y he sido transformado para siempre por la majestuosa y gloriosa imagen de Jesús que allí se pinta. Una y otra vez he vuelto a estas páginas refrescantes e inspiradoras para renovar mi amor por el héroe más grande de mi vida. Una y otra vez estas palabras me han animado y levantado, y me han recordado al hombre único, sublime, extraordinario y absolutamente asombroso que es mi Señor. Como resultado, he regresado una vez más a vivir mi vida como discípulo de Jesús con un corazón sanado y fortalecido junto a una pasión reavivada y renacida.

No sé nada de la vida, el ministerio o la teología de Charles Edward Jefferson, salvo lo que he deducido de pasada de este, su retrato de Jesús. Debió de ser un hombre que, a pesar de sostener algunos puntos de vista teológicos con los que yo probablemente discreparía, sentía un profundo amor por la personalidad y el corazón de Jesús y los comprendía. Tenía el don de ver lo que la mayoría de nosotros pasamos por alto y de expresar con palabras líricas e inolvidables lo que veía.

Si amas a Jesús y tienes sed de conocerlo mejor, y si amas el lenguaje y las palabras, probablemente te enamorarás de este libro. Espero que este volumen se convierta para ti, como lo ha sido para mí, en un amigo para toda la vida con el que compartas algunas de tus horas más preciosas en la tierra. Hasta el día en que veamos a Jesús en el cielo con nuestros ojos libres de la incredulidad, la debilidad y el pecado, necesitamos toda la ayuda posible para conocerlo, comprenderlo, recordarlo, amarlo y adorarlo más. Oro para que este libro te ayude hacia ese noble fin.

—*Sam Laing*

NOTA
de la editorial

El Dr. Charles Edward Jefferson predicó originalmente los sermones aquí recopilados a principios del siglo XX. Los publicó en 1908. Su libro, publicado originalmente con el título *El carácter de Jesús*, fue presentado a la atención de Ilumination Publishers por Sam Laing, quien ha tenido la gentileza de escribir el prólogo para esta edición. Hace más de cuarenta años, Sam adquirió un ejemplar de este libro que, según nuestras mejores investigaciones, lleva muchos años agotado. Aunque sabemos poco del Dr. Jefferson, encontramos en esta obra una descripción inspiradora y provocadora de Jesús de Nazaret, así que investigamos la posibilidad de publicarla para un nuevo público en el siglo XXI. Una vez que nuestros abogados nos aseguraron que los derechos de autor originales han vencido, seguimos adelante con esta nueva edición.

Aunque en general se trata de una obra notablemente atemporal, hemos considerado necesario hacer algunas revisiones para ayudar a los lectores modernos. En la obra original, las citas bíblicas del autor solían proceder de la versión King James (KJV) o, en ocasiones, el autor simplemente parafraseaba. En la mayoría de los casos, ya que parecía que la redacción de la RVA oscurecía el significado para el lector moderno, se sustituía por la Nueva Versión Internacional (NV1), la Nueva Biblia de las Américas (NBLA) u otra versión moderna.

En muy pocas ocasiones añadimos palabras al texto original de Jefferson, pero en tales casos, las palabras añadidas aparecen entre corchetes [ ]. A veces se cambiaron palabras que ya no son de uso común por otras más aceptadas en el español contemporáneo. En la versión original, no había subtítulos en los capítulos. Estos los hemos añadido, junto con una ocasional cita destacada, para ayudar a clarificar el material para los lectores modernos.

Hay ocasiones en las que nosotros, como editores, tuvimos dudas sobre la elección de palabras de Jefferson para describir a Jesús. Por ejemplo, cuando llama a Jesús el mayor optimista del mundo (Capítulo 9), utiliza una palabra que nosotros no habríamos elegido. Sin embargo, tenemos la sensación de que una lectura cuidadosa de las palabras de Jefferson revela una equilibrada y saludable definición de Jesús y de su fe. Aunque la palabra "optimista" puede no ser la mejor elección, lo que Jefferson dice en este capítulo efectivamente refleja el hecho de que Jesús veía claramente la oscuridad del mundo, pero que también tenía confianza en la victoria final de Dios. Se podría hacer una observación similar sobre otros rasgos del carácter de Jesús que Jefferson describe.

La obra original era bastante más larga de lo que encontrarás aquí. Algunos capítulos se suprimieron por completo, normalmente porque el tema parecía estar suficientemente tratado en otros capítulos. Se suprimieron partes de otros capítulos para hacer el libro más conciso.

Esperamos y oramos para que estas palabras escritas por Charles Edward Jefferson hace casi un siglo te recuerden poderosamente al Jesús que es el mismo ayer, hoy y siempre.

Toney C Mulhollan
Editor, Illumination Publishers

PREFACIO
a la edición original

Los siguientes discursos se pronunciaron en el Tabernáculo de Broadway los domingos por la noche entre el primero de enero y la Pascua de los inviernos de 1907 y 1908, doce de ellos en el primer año y catorce en el segundo. Los dos sermones iniciales se predicaron a principios de 1907 y a principios de 1908, respectivamente. Son estudios sencillos sobre el carácter de Jesús, siendo el triple propósito del predicador incitar a los cristianos profesos a una devoción más profunda hacia su maestro, y despertar en los no cristianos el deseo de saber más del fundador de la iglesia cristiana, y persuadirlos para que se conviertan en sus seguidores. Las congregaciones estaban compuestas en su mayoría por hombres jóvenes, y muchos de ellos eran estudiantes. Es en respuesta a las numerosas peticiones de estos jóvenes que se publican ahora los sermones.

INTRODUCCIÓN

"He aquí el hombre".

JUAN 19:5

EL CARÁCTER
DE JESÚS

Pensemos juntos, en estas tardes de domingo, en el carácter de Jesús. Podrás darte cuenta lo limitado del tema. Jesús por sí solo es un tema demasiado grande para tratarlo en un grupo de conferencias. Están, por ejemplo, sus ideas, los principios que enunció en sus sermones e ilustró en sus parábolas. Este es un campo inmenso, y fascinante, pero en él no podemos adentrarnos por el momento. Tenemos, las doctrinas de Jesús: las cosas que enseñó sobre Dios y el alma, sobre la vida y la muerte, sobre el deber y el destino. Este también es otro campo espacioso y gratificante, pero al cual no podemos entrar. Podemos pensar en la persona de Jesús, meditar sobre sus relaciones con el Padre y con el Espíritu Santo y con nosotros, y ponderar el inconmensurable misterio de su personalidad: algo que a las mentes reflexivas siempre les ha encantado hacer. Pero a este vasto campo de pensamiento también lo dejaremos a un lado para poder entregar nuestra completa atención al carácter de Jesús.

Por el "carácter" de Jesús me refiero a la suma de las cualidades por las que Jesús se distingue de los demás. Su carácter es la suma total de sus características, sus rasgos morales, así como los rasgos de su mente, de su corazón y de su alma. Debemos pensar en sus cualidades, su temperamento, su actitud, el sello de su genio, el tono de su espíritu y la forma de su conducta.

En cierto sentido, nuestros estudios serán básicos. Nos ocuparemos del ABC del aprendizaje cristiano. Este es el comienzo lógico de todo estudio serio del significado del cristianismo. Antes de estar debidamente preparados para escuchar las ideas de Jesús, debemos saber algo de lo que Jesús es. La importancia de lo que dice una persona depende en gran medida de lo que ella es. Dos hombres pueden decir exactamente lo mismo, pero si uno es conocido por ser un necio, sus palabras no nos causan ninguna impresión. Si el otro es conocido por ser sabio y bueno, le prestamos una atención cercana y favorable. Una persona será más capaz de apreciar las ideas de Jesús si, primero que nada, se familiariza con el carácter de Jesús.

El método científico

Empezar por el carácter de Jesús es adoptar el método científico de estudio. El científico de hoy insiste en estudiar los fenómenos. Lo que quiere son datos, y de ellos sacará sus conclusiones. Ningún científico puede comenzar su trabajo a menos que se ponga en posesión de hechos definidos y concretos. En el extranjero existe la opinión generalizada de que el cristianismo es algo muy en el aire. Es vago y nebuloso, borroso e indeterminado, algo bello como la neblina con el sol de la mañana jugando sobre ella, pero también, como la neblina, muy delgada y muy por encima del mundo en el que vivimos.

Pero en este grupo de conferencias no les pido que piensen en visiones o concepciones, principios o relaciones; llamo su atención sobre unos pocos hechos definidos y nítidos. Este hombre, Jesús, fue un personaje histórico. Vivió su vida en esta tierra. En su paso de la cuna a la tumba, manifestó ciertos rasgos y actitudes que es nuestro propósito estudiar. Si intentáramos tratar todos sus dichos, encontraríamos que muchos de ellos son difíciles de entender, y si intentáramos lidiar con su personalidad, nos encontraríamos cara a cara con misterios demasiado profundos para ser desentrañados. Pero al ocuparnos de su carácter, estamos manejando algo concreto y comprensible. Pongámonos ante él y permitámosle que nos cause la impresión que él quiera.

"Vengan a ver"

No solo es el método científico, también es el método del Nuevo Testamento. Fue precisamente de esta manera como los discípulos llegaron a conocer a Jesús. No empezaron con el misterio de su persona, ni con dichos que les resultaban difíciles de entender. Empezaron simplemente acercándose a él, mirándole con sus ojos, escuchándole con sus oídos. Es con un grito de júbilo que el amado apóstol en la primera de sus tres cartas dice: "Lo hemos tocado con las manos". Del Nuevo Testamento parece desprenderse que Jesús desea que los hombres lleguen a la verdad que él va a dar al mundo mediante el conocimiento de su carácter.

Cuando dos jóvenes le siguieron un día por la orilla del Jordán, y él se volvió hacia ellos y les dijo: "Qué buscan?". Ellos respondieron: "¿Dónde te hospedas?" y su respuesta fue: "Vengan a ver" (Juan 1:39). Permanecieron con Jesús el resto del día, y el resultado de su primer encuentro fue que quisieron que sus compañeros vinieran también a verlo. Y desde aquel día hasta hoy, la causa del cristianismo ha avanzado en el mundo simplemente porque los que ya lo han visto han querido que otros vengan y compartan su experiencia.

Métodos contaminados

Si este era el método de aproximación al cristianismo en el primer siglo, ¿por qué no es el mejor enfoque para nuestro tiempo? El cristianismo en el curso de su desarrollo ha adoptado muchas formas y ha recogido en sí mismo muchas cosas que no son esenciales. El resultado es que miles de personas están desorientadas, sin saber qué pensar ni qué hacer. Muchos se han sentido ofendidos por el cristianismo porque han intentado entrar en él por la puerta eclesiástica. Han llegado a la religión de Jesús a través de alguien que se declara cristiano y que ha sido incoherente o hipócrita, y simplemente una experiencia tan desastrosa como tal es suficiente a veces para mantener a una persona alejada de Cristo durante toda su vida.

A veces no es un cristiano individual, sino la iglesia local como cuerpo la que comete la ofensa. Puede ser que la iglesia esté muerta o que sus hombres dirigentes sean corruptos o que su predicador sea ignorante y carezca del espíritu cristiano o de la perspectiva cristiana, en cuyo caso la impresión total causada por la iglesia es desastrosa, y el alma se ahuyenta. Hay muchas personas que no son cristianas hoy porque tuvieron la desgracia específica de entrar en contacto durante un periodo crítico de su vida con una iglesia que carecía de compasión y devoción cristianas.

Hay otros que han intentado entrar en el cristianismo por la puerta dogmática. Han llegado a las afirmaciones dogmáticas de la iglesia cristiana, a las doctrinas formuladas por los concilios de las iglesias y los teólogos, y se han sentido ofendidos por ellos. Su razón se ha alejado y su corazón se ha enfriado.

Permíteme sugerirte que existe otra puerta: el carácter de Jesús. Ni los cristianos profesos ni las declaraciones dogmáticas son la puerta de la religión cristiana. El fundador del cristianismo dice: "Yo soy la puerta". Puede que alguno de ustedes que se haya vuelto cínico por quienes se declaraban cristianos, o escéptico por los dogmas de la iglesia, descubra que no es ni escéptico ni cínico después de haber estudiado el carácter de Jesús. Porque después de todo, ser cristiano no es ser como otros cristianos profesos, o aceptar los planteamientos eclesiásticos. Ser cristiano es admirar a Jesús tan sincera y fervientemente que toda la vida se dirige hacia él en un anhelo de ser como él.

Un signo de los tiempos

Este es un momento muy oportuno para estudiar el carácter de Jesús porque es en nuestros días y en nuestra generación cuando él ha aparecido con nueva gloria ante los ojos del mundo. Los que vivimos ahora podemos conocerlo, si queremos, mejor de lo que se le ha conocido nunca desde los días de los apóstoles. En los últimos años se han realizado tres obras estupendas. Dos de ellas son bien conocidas por todos, la tercera es reconocida comparativamente por pocos.

El primer magnífico logro es la construcción del palacio de la ciencia. Esta gran empresa ha sido llevada adelante por una hueste de hombres y mujeres geniales que han volcado en su trabajo el heroísmo de los profetas y el entusiasmo de los apóstoles. Cuán glorioso, cuán deslumbrante es este palacio, no necesito intentar describirlo, pues ha captado la constante atención del mundo.

El segundo gran logro es el desarrollo de la civilización a nivel físico. En estos años han aparecido el barco de vapor, el ferrocarril, el telégrafo, el teléfono y mil inventos más mediante los cuales se ha transformado la faz del mundo y se han revolucionado los hábitos de los seres humanos. [Por no hablar de los viajes espaciales y de internet]. Se trata de un milagro conocido por todos.

Pero hay un tercer trabajo aún más maravilloso y de mayor alcance en sus efectos que estos otros dos, y es el trabajo de un gran ejército de eruditos a ambos lados del mar para sacar a Jesús de Nazaret de las sombras y de las nubes en las que había estado oculto, y colocarlo una vez más ante el mundo.

Fue en 1835 cuando Strauss publicó su primera edición de *The Life of Jesus, Critically Examined* (la vida de Jesús, examinada críticamente), y desde ese día hasta hoy, el mundo ha estado estudiando el carácter del Hombre de Galilea con un interés que se ha ido profundizando constantemente, y con un celo que no muestra disminución. Los Evangelios han sido sometidos a un escrutinio que no se dado a ningún otro escrito. Las bibliotecas, los túmulos y las tumbas han sido saqueadas en busca de manuscritos. Los manuscritos han sido reunidos y comparados cuidadosamente; se ha anotado y ponderado cada mínima variación.

Cada párrafo ha sido tamizado y cada frase ha sido sopesada; cada palabra ha

Ser cristiano es admirar a Jesús tan sincera y fervientemente que toda la vida se dirige hacia él en un anhelo de ser como él.

sido analizada y cada sílaba examinada e interrogada. La cantidad de trabajo dedicado al Nuevo Testamento es asombrosa e incalculable.

Los eruditos no se han contentado con estudiar los manuscritos. Han estudiado la tierra en la que vivió Jesús; la han medido de norte a sur y de este a oeste con métodos de topografía Han tomado las alturas de las colinas y montañas y las profundidades de los ríos y mares. Con pico y pala, han bajado a la tierra en busca de material para arrojar rayos de luz adicionales sobre este hombre que ha hecho de la tierra "Santa". El primer siglo de nuestra era ha sido estudiado como ningún otro siglo desde el comienzo de los tiempos y ha sido sometido a un escrutinio y un análisis que ninguna otra civilización ha conocido jamás. Las costumbres de la gente, su vestimenta, sus casas, cada rasgo de su vida social, política y eclesiástica, todo lo que leían, todo lo que decían y todo lo que hacían ha sido analizado, discutido, explicado, ilustrado, fotografiado y difundido con la esperanza de que esto pueda acercar a las personas a Jesús.

Las imprentas de ambos lados del mar están inundando el mundo de libros sobre la vida y la época de Jesús, y el resultado es que este se alza de manera imponente y colosal ante los ojos del mundo. No es solo la iglesia quien lo ve; todos pueden verlo ahora. Ha salido de los círculos eclesiásticos; camina por todas las ciudades y tierras. Personas de todo tipo y condición han llegado a admirarlo. Los que niegan los dogmas cristianos se inclinan ante él. La multitud de los que no pertenecen a ninguna iglesia, a quienes no les importan los himnos ni los sermones, rompen en aplausos ante la mención de su nombre. Muchos de ellos lo ven tenuemente, muchos solo han vislumbrado un destello de su rostro y su corazón, pero todos saben que es el hombre que anduvo haciendo el bien. En todas partes se venera su nombre. Es oportuno que en estas primeras décadas del nuevo siglo nos esforcemos por comprender mejor el alcance de su mente y de su corazón.

Métodos dorados

¿Cómo vamos a obtener la información? Hay seis canales a través de los cuales nos llegará la luz. Podemos llegar a conocerlo a través de las palabras que pronunció, de los hechos que realizó y también de sus silencios. Podemos conocerlo también por la impresión que causó primero en sus amigos, en segundo lugar, en sus enemigos, y en tercer lugar en el conjunto general de sus contemporáneos.

Me sobrecoge pensar en la gran multitud que nadie puede contar a la que les pido que se unan en este estudio del personaje de Jesús. Deja que tu mente recorra los últimos mil novecientos años, y piensa en los artistas que han estado ante él, viendo en él nuevas revelaciones de belleza; piensa en los poetas que han estado ante él y han captado inspiración para sus canciones; piensa en los músicos que han estado ante él y que han formado la impresión que él ejercía sobre ellos en tonos que elevan el corazón y lo hacen soñar; piensa en los filósofos que han estado ante él y han meditado sobre las grandes ideas que encontraron expresión en sus labios; piensa en los hombres y mujeres iletrados, en la gran multitud de campesinos, en la gente sencilla y trabajadora, en los descendientes de los pastores que oyeron cantar a los ángeles, y que se han inclinado en adoración ante él y han encontrado descanso durante su cansancio y fortaleza en su debilidad. Y luego deja que tu mente se adentre en los siglos venideros y piense en las innumerables generaciones de hombres y mujeres que aún han de permanecer ante esta figura incomparable, bebiendo inspiración para vivir su vida y realizar su trabajo. Si puedes ver en tu imaginación este gran desfile que ha sido y el mayor desfile que aún está por ser, ocuparás tu lugar con espíritu reverente mientras una vez más intentamos estudiar el carácter del hombre que impulsa a corazón a clamar : "¡Maestro!".

"Ven a ver".

JUAN 1:46

RAZONES PARA NUESTRO ESTUDIO

Muchos de ustedes han estudiado a Jesús bajo la dirección de otros, pero vengan conmigo durante un pequeño intervalo y estudiémoslo de nuevo. Ha llegado el momento de volver a estudiar su carácter y su carrera. Hemos caído en días llenos de cosas que nos distraen. El mundo clama por algo; apenas sabe qué. La riqueza ha llegado, pero el corazón está hambriento; el conocimiento ha llegado, pero la vida para muchos se sumerge en el enigma y el engaño. El mundo está lleno de las invenciones producto de la habilidad y el ingenio humanos, pero hay un inmenso vacío que ni la ciencia ni el arte son capaces de llenar.

Él hace que la vida sea completa

Una de las características de la vida del siglo XXI es el descontento. Algunos estamos descontentos con nosotros mismos. Estamos inquietos, insatisfechos, desconcertados. Llevamos con nosotros una conciencia de fracaso. Sentimos que no estamos a la altura de lo que deberíamos ser. La vida, a pesar de nuestros esfuerzos, es limitada y decepcionante. Cargados de muchas posesiones, gritamos: "¿Qué me hace falta todavía?

Puede que sea prudente, por tanto, desviarnos del camino que hemos estado recorriendo y escuchar durante una temporada a Jesús de Nazaret. Puede que él tenga el secreto que hemos estado buscando. Al abrir el Nuevo Testamento, el primer rostro que se nos presenta es el suyo, y las primeras palabras que nos saludan salen de sus labios. Dice:

"Vengan a mí, y yo les daré descanso; yo soy el pan de vida; yo soy la luz del mundo. Si alguno tiene sed, que venga a mí y beba. Mi paz les doy. Recibirán poder. Se alegrarán". Pan, agua, luz, descanso, paz, poder y alegría. ¿No son estas las siete bendiciones elementales que hacen que la vida humana esté completa? Si este hombre promete las cosas que el alma más desea, vale la pena estudiar su método y averiguar, si podemos, cómo se pueden obtener más rápidamente sus regalos ofrecidos. Al acercarnos a él, le oímos decir: "¡Síganme! ¡Aprendan de mí! ¡Coman de mí! ¡Permanezcan en mí!". Parecería que nos ofrece todas las cosas buenas a condición de que lleguemos a ser como él. Pero ¿cómo es él? ¿Cuál es su ánimo, su temperamento, su actitud, su naturaleza? Seguramente todos los que estén descontentos consigo mismos querrán estudiar el carácter de Jesús.

Otros estamos descontentos, no tanto con nosotros mismos como con el mundo. El tiempo está desajustado, y estamos enfermos de corazón porque nadie parece ser lo bastante sabio o fuerte para enderezarlo. El gobierno está corrupto; la iglesia parece muerta o moribunda; el hogar es un fracaso o un escándalo; la sociedad es superficial y está corrompida; el orden social está listo para la hoguera; el sistema económico es una carga y una maldición; todo el entramado del mundo necesita ser reconstruido; y ay, ¿quién es suficiente para tan hercúlea tarea? Las personas con los antídotos son charlatanes y seguros de sí mismos; los profetas de la reforma son ruidosos y omnipresentes, pero desgraciadamente, no se ponen de acuerdo entre sí, y los remedios, cuando se aplican, son impotentes para curar. Las medicinas no parecen ser lo suficientemente poderosas, y los médicos permanecen junto a la cama de la humanidad febril y delirante, burlados, desacreditados, estupefactos. La civilización moderna se ha convertido en una torre de Babel, y el aire está tan lleno de teorías de revisión social y programas de reorganización industrial que las cabezas más lúcidas están desconcertadas por el alboroto y el tumulto, sin saber en qué dirección hay que buscar la liberación.

Un radical como ningún otro

Cuando abrimos nuestro Nuevo Testamento, nos encontramos ante un hombre que, aunque no es un revolucionario profesional, ha sido la causa de muchas revoluciones y que, aunque no es un perturbador de la paz, ha puesto el mundo patas arriba en repetidas ocasiones. No se le cuenta entre los radicales porque en su radicalismo los supera a todos. Se atreve a oponerse a todos los estándares humanos; confunde a los sabios con las cosas que son tontas; y confunde las cosas que son poderosas con las que son débiles. Tiene mucho que decir sobre la autoridad y el poder, y afirma que puede hacer nuevas todas las cosas. Los historiadores han confesado que ha derrocado al imperio Romano y ha dado a Europa y América una civilización diferente a todo lo que el mundo ha conocido.

Si sus ideas tienen en sí la fuerza de la dinamita, y si su personalidad tiene poder para cambiar la política de los imperios, e incluso el temperamento del corazón humano, puede ser que este hombre sea el hombre que el mundo moderno está buscando en su salvaje búsqueda de una forma de liberarse de sus miserias y aflicciones. Sin duda, todos aquellos que están hartos del mundo tal como es y que anhelan la llegada de un mundo que será mejor, deben, si son sabios, acudir a Jesús de Nazaret en busca de su secreto para derribar las fortalezas de la maldad y establecer la justicia y la paz en la tierra.

Cuando estudiamos su método, descubrimos que su preocupación suprema es la rectitud de corazón de la persona a nivel individual. Este moldeador de imperios se entrega a la tarea de moldear a las personas de una forma individual. Este super revolucionario inicia su batalla en el alma individual. Atrae a una persona hacia él, le infunde un nuevo espíritu, la envía a que vaya tras otra persona, quien con el tiempo va a su vez tras una tercera persona, y esta tercera persona tras una cuarta, y así va soldando una cadena por medio de la cual el césar será arrastrado de su trono.

Por extraño que parezca, no tiene nada que decir sobre la herencia, y más extraño aún, nada que decir sobre el entorno. Mantiene la mirada en el

> **Atrae a una persona hacia él, le infunde un nuevo espíritu, la envía a que vaya tras otra persona, quien con el tiempo va a su vez tras una tercera persona.**

alma, y al cambiar esta altera el entorno y también las corrientes de la sangre a través de muchas generaciones. Cuando hablamos del entorno, pensamos en el ambiente físico: el pavimento de la calle, el alcantarillado, la arquitectura de las casas y la iluminación de las habitaciones. Estamos convencidos de que, con un mejor alcantarillado y una mejor ventilación e iluminación, las plagas que afectan a la humanidad se reducirían rápidamente. Pero este Reformador de Nazaret actúa y habla como si el medio ambiente no fuera una cuestión de concreto y ladrillos, sino de mentes y corazones humanos. Las personas son hechos lo que son, no por los pavimentos y las casas, sino por aquellos con quienes viven.

Si quieres cambiar el entorno, empieza por la transformación de personas; y si quieres transformar a las personas, empieza por la transformación de alguna persona en particular. Es cambiando el carácter de una persona como cambiamos el carácter de otras; y cambiando el carácter de muchos, cambiamos el carácter de las instituciones y, en última instancia, de los imperios y las civilizaciones. Cuando Jesús dice: "Yo hago nuevas todas las cosas", pone su mano sobre el corazón del ser humano. Es del corazón de donde salen los demonios que despedazan a la humanidad, y es del corazón de donde salen los ángeles que restauran la belleza y la paz del Paraíso.

Un corazón a la vez

He aquí, pues, el propio secreto de Jesús para hacer renacer un mundo viejo: introducirá edades de oro dando a los individuos un carácter como suyo. Su carácter es una forma de poder más poderosa que las legiones del césar o la sabiduría de la mejor escuela. Nosotros, que estamos más descontentos con el mundo y más deseosos de desterrar sus tiranías y abusos, podemos dedicar provechosamente nuestros días y noches al estudio del carácter de Jesús, pues a través de ello es que el agobiado mundo ha de avanzar hacia un día más luminoso.

Hay muchos trabajadores quisquillosos y ruidosos, muchos líderes descarados y espectaculares, los reformistas son con frecuencia convincentes y elegantes, los revolucionarios nos impresionan con sus planes de crear un mundo nuevo, pero al fin y al cabo no hay trabajador más eficaz para la redención del mundo que el hombre o la mujer que, en lugares altos u oscuros, se esfuerza, sea o no sea oportuno, por persuadir a los demás de que conformen sus vidas al modelo que nos presenta en el carácter de Jesús; y nadie avanza tan rápidamente hacia la edad de oro como el hombre o la mujer que, mediante la oración y el esfuerzo diario, se esfuerza por construir en mente y espíritu las virtudes y gracias del Hombre de Galilea.

Aquí encontramos, pues, la misión suprema del ministro cristiano: es ayudar a las personas a enamorarse del carácter de Jesús. La Biblia es un libro de valor incalculable, sobre todo porque contiene un retrato de Jesús. El Nuevo Testamento es inconmensurablemente superior al Antiguo porque en el Nuevo Testamento tenemos el rostro de Jesús. El Lugar Santísimo del Nuevo Testamento son los Evangelios porque en ellos miramos directamente a los ojos de Jesús. Con frecuencia hablamos del evangelio: ¿Y qué es el evangelio? ¡Es Jesús!

Centrarse en el interior, no en el exterior

Acerquémonos ahora un poco más y preguntemos: ¿Qué es lo que más merece nuestro estudio en Jesús? Se presta mucha atención a las circunstancias que formaron el marco de su vida terrenal. Muchos trabajan en la cronología, otros en la geografía, y otros se interesan por la túnica, el turbante y las sandalias. Los fotógrafos han fotografiado todos los paisajes que alguna vez contempló y todas las escenas relacionadas con su trabajo o su carrera. Los pintores han trasladado al lienzo los campos, lagos y cielos palestinos, y los conferencistas a través de las imágenes proyectadas en sus charlas han hecho de la Tierra Santa el lugar más conocido del planeta. Escritores de muchos niveles han inundado el mundo con descripciones de costumbres y casas, de modas y ceremonias, y en medio de tal masa de ropajes y tapicería, corremos el peligro de perder al hombre Jesús.

Podemos llegar a interesarnos tanto por los flecos y borlas de su vida exterior que nos perdamos el secreto que su corazón tiene que contar. Muchos se han gastado una hora en los adornos exteriores de la vida de Jesús, que podría haberse empleado mejor en un estudio serio de su mente y su corazón. Palestina no es de interés para nosotros salvo en la medida en que nos ayude a comprender lo que Jesús fue e hizo. Lo temporal, local y provincial puede ser interesante, pero no es importante. Es el carácter de Jesús lo que tiene un significado único e interminable, y a esto es a lo que debe dirigirse toda mente y corazón sinceros. Las imágenes no tienen valor a menos que nos lleven más profundamente al alma.

Es sorprendente el escaso material con el que contamos para abordar el estudio de Jesús. A los escritores del Nuevo Testamento no les interesaban las nimiedades. No les importaba nada su estatura, la ropa que llevaba o las casas en las que vivía. Él no tenía ninguna de las cosas sobre las que los biógrafos acostumbran a explayarse durante muchos capítulos. No tenía ningún linaje que presumir. Sus amigos eran todos desconocidos. No ocupaba ningún cargo ni en la iglesia ni en el Estado. No tenía el prestigio que da la riqueza ni reputación de erudito. Nació en un establo, trabajó en el taller de un carpintero, enseñó durante tres años y luego murió en una cruz. Lo externo se reduce a lo mínimo; las circunstancias son comunes y corrientes además de escasas; el marco de la vida es limitado y sin adornos. El Nuevo Testamento fue escrito por hombres que estaban decididos a que fijáramos nuestra mirada en el hombre. Deseaban que captemos el latido de su corazón, el vaivén de su mente, la dimensión de sus ideas. Todo se minimiza y se subordina a lo que es central y lo más importante: la textura de su espíritu y la actitud de su personalidad. Al unísono claman: "¡He aquí el hombre!". Quieren que sepamos cómo veía las cosas, cómo se sentía hacia ellas y cómo le afectaban. En una palabra, quieren que conozcamos su carácter. Aceptemos su invitación y vengamos a ver.

Jesús, una vez más

Algunos de nosotros hemos estudiado a este hombre, Jesús, durante muchos años. Somos nosotros los que más deseamos volver a estudiarle. Ahora encontraremos en él cosas que nunca habíamos visto. Los ojos siempre cambian y el corazón se expande con el aumento de los años.

> **El Nuevo Testamento fue escrito por hombres que estaban decididos a que fijáramos nuestra mirada en el hombre. Deseaban que captemos el latido de su corazón, el vaivén de su mente, la dimensión de sus ideas.**

Ascendemos a niveles superiores de conocimiento a través del estudio y la experiencia. Nunca llegará el momento en que no saboreemos el estudio de este hombre. Él es el camino hacia Dios. Es imposible familiarizarse demasiado con el camino. Él es, según Hebreos 1:3, la fiel representación de la persona del Padre. Cuanto más lo estudiamos, más rico es nuestro conocimiento del corazón de Dios. Él ha declarado al Padre. Cuanto más plenamente le comprendamos, más profundamente veremos el corazón de la deidad.

Si él y el Padre son uno, entonces conocerlo a él es realmente la vida eterna. Si él es el iniciador y perfeccionador de nuestra fe, necesitamos ver su rostro nítido si hemos de correr con paciencia la carrera que tenemos por delante. Si hemos de ser cambiados de un carácter a otro mirando al suyo, entonces es bendita cada hora que invertimos haciendo que ese carácter nos sea claro y hermoso para nuestro corazón. El discípulo amado solía decir: "Contemplamos su gloria" (Juan 1:14). Le contemplaban mientras trabajaba, hablaba, cantaba y oraba, y el recuerdo mismo de lo que veían elevaba la vida a nuevas altitudes y dimensiones. Los cristianos más maduros y experimentados son los más dispuestos a aceptar la invitación: "Ven a ver".

Jesús, como por primera vez

Algunos de nosotros hemos estudiado solo un poco este retrato. Jesús es un nombre, pero, como persona es borroso e irreal. Su rostro se ha vuelto desconocido. Nuestro corazón no siente su poder. No nos es indiferente, pero no tenemos un sentido agudo de lealtad hacia él, ni la conciencia purificadora de adorarlo. Necesitamos estudiarlo de nuevo. Puede que, a medida que lo estudiemos, salga del cuadro y ocupe su lugar a nuestro lado. Hasta que no lo conocemos como compañero, no obtendremos de él aquello que tiene para darnos. Porque su rostro está borroso, con frecuencia estamos deprimidos y derrotados. Siempre nos sentimos desfallecer en los momentos difíciles de la vida a menos que estemos lo suficientemente cerca para captar la luz de su mirada y sentir el fuerte latido de su invencible corazón. Puede que para algunos de nosotros haya quedado petrificado en un dogma. Es un gran día para el alma cuando Jesús se presenta ante esta, por primera vez, como hombre.

Algunos de nosotros apenas lo hemos estudiado. Todo lo que sabemos, lo sabemos de oídas. Tenemos prejuicios contra este Jesús de Nazaret. Su rostro ha sido distorsionado en parte por las tergiversaciones de otros y en parte por nuestra propia idiosincrasia. Puede que durante este estudio algunos de nosotros le veamos por primera vez tal como es.

Hay a quienes no les gusta la metafísica; que vengan y contemplen a un hombre íntegro. No les interesa la doctrina; que estudien una vida. No les interesa el dogma; que fijen su mirada en una persona. Si la palabra "revelación" ha tenido para ellos un sonido misterioso o teológico, que contemplen la revelación suprema: la revelación hecha en el carácter de un hombre.

El retrato evangélico

No discutiremos la cuestión de cómo ha llegado hasta aquí el retrato evangélico. Es suficiente para nuestro propósito actual saber que está aquí. Ha estado en el mundo durante más de dos mil años, y a lo largo de todo ese periodo no se le ha añadido nada ni se le ha quitado nada. Alimenta la fe en Dios. Mantiene encendidos los fuegos de la esperanza y la alegría en el altar. Las personas tienen diversas teorías sobre el retrato y le hacen diferentes críticas. Te pido que lo mires. Otros lo están mirando; en todo el mundo lo están mirando. Millones sienten al mirarlo que en este retrato obtienen las mayores revelaciones de la mente y el propósito del Eterno. Es indiscutible que este retrato atrae a muchos corazones más cerca de Dios. Puede que te atraiga a ti. Tan solo míralo. Al mirarlo, puede que te acabe gustando.

Ven en oración

Y permíteme pedirte también que ores mientras miras. La profundidad hasta la que puedas ver en una mente o un corazón depende de lo que lleves contigo para contemplarlos. No puedes apreciar la obra maestra de un músico a menos que tengas música en ti, o la pintura de un artista a menos que tengas en ti algo del temperamento que tiene el artista, ni puedes comprender un personaje a menos que seas afín a él en las tendencias y aspiraciones más profundas de tu ser. Los maestros de la música y del arte y de la vida se revelan solo a aquellos que, en alguna medida, comparten su espíritu.

Si deseas estudiar el carácter de Jesús con mayor provecho, deberás responder a aquello que fue dominante en su vida. Fue predominantemente un hombre de oración. Suyo era el corazón reverente, y su mirada era siempre hacia arriba. Los que oran respiran la atmósfera en la que vivió y adoptan la actitud por la que están mejor capacitados para comprender sus hechos y dichos. Al estudiar a una persona, la armonía espiritual lo es todo. Santiago vivía bajo el mismo techo que Jesús, pero no le entendía. Pablo vivía lejos de él, pero le entendía completamente. Comprender a las almas no es una cuestión de proximidad física o de esfuerzo intelectual: todo depende del entendimiento y de la empatía espiritual. Al estudiar a Jesús, las personas deben orar siempre y no desfallecer (Lucas 18:1 RVA).

**Estas estas se han escrito para que ustedes crean
que Jesús es el Cristo, el Hijo de Dios.**

JUAN 20:31

FUENTES

¿Dónde podemos encontrar un tema más interesante que el carácter de Jesús? Es fascinante para todo ser humano que tenga la más mínima ambición de progresar en la cultura, o que posea la más mínima capacidad para aprehender las cosas que tienen un significado profundo y perdurable. Simplemente como una pieza biográfica, qué maravillosa historia es esta. ¡Qué apasionante su vida; qué trágica su muerte! Tanto si una persona es cristiana como si no lo es, debe, a menos que esté completamente endurecida por los prejuicios, interesarse por la vida de Jesús.

Lecciones de la historia

Ningún hombre o mujer de intelecto puede permanecer impasible ante la muerte de Sócrates. La prisión en la que murió es uno de los lugares sagrados de la historia. Mientras las personas tengan mentes para pensar y corazones para compadecerse, se quedarán admirados ante el viejo filósofo griego mientras bebe la copa fatal. Pero la muerte de Jesús es más trágica que la de Sócrates.

¿A quién no le interesa la muerte de Julio César? ¿Cuándo dejará de revolvernos la sangre el discurso de Marco Antonio? Mientras las personas sean humanos, permanecerán estupefactos ante esa gran tragedia representada en el capitolio romano. Pero la muerte de Jesús es más trágica que la muerte de Julio César.

Además, Jesús de Nazaret es el punto de partida de mil influencias. Todo el mundo de los últimos dos mil años se convierte en incomprensible a menos que se sepa algo sobre él. ¿Cómo se pueden entender las grandes galerías de arte del mundo, llenas como están con cuadros de su rostro, de su madre, y de sus discípulos, a menos que uno sepa quién era y lo que dijo y logró? Sal de las galerías de arte y entra en las bibliotecas, y cómo entenderás los grandes libros de historia a menos que estés familiarizado con su trayectoria, pues todos los libros están llenos de su nombre. Sal del mundo de los libros al de la gente y las cosas; camina por las calles. ¿Cómo explicarás la Catedral de San Patricio y la Catedral de San Juan el Divino y todos los cientos de iglesias y misiones esparcidas por esta tierra a menos que sepas algo del hombre de cuyo corazón procedieron y por cuyo nombre son conocidos? Estamos ante un tema que debería interesar a todo ser humano.

La verdad concisa

Pero en cuanto llegamos al estudio minucioso de la vida de Jesús, nos encontramos con una serie de sorpresas. La primera sorpresa es que la biografía de este hombre esté confinada dentro de unos límites tan estrechos. Si se desea estudiar la vida de Abraham Lincoln, hay que consultar muchos volúmenes. La vida de George Washington no puede incluirse fácilmente en un solo libro. Se han escrito cientos de volúmenes sobre Napoleón y Federico el Grande y Julio César. Pero la biografía de Jesús se limita a un pequeño libro que se puede comprar y llevar en el bolsillo. Esto es lo sorprendente: toda la historia de su vida está contenida en este único libro.

Había muchos escritores griegos que vivían en los días de Jesús, pero ninguno de ellos escribió su vida, hasta donde cualquier estudioso sabe. No ha llegado a nosotros ni siquiera un trozo de la biografía de Jesús escrita por un poeta o historiador griego. Había muchos escritores romanos viviendo cuando Jesús predicaba en Palestina quienes escribían sobre muchos personajes diferentes y sobre temas variados, pero ninguno de ellos, que sepamos, se preocupó de hacer un boceto de este hombre, Jesús. Había muchos escritores judíos profesionales viviendo en la época de Jesús, pero que sepamos, ninguno de ellos se tomó la molestia de escribir la historia de la vida de Jesús. ¡Esto es increíble! Por cierto, están los evangelios, hechos, epístolas y apocalipsis apócrifos, pero ninguno ellos, ni todos juntos, arrojan luz alguna sobre el carácter de Jesús que no sea proporcionado por nuestro Nuevo Testamento. Todo lo que se sabe de manera cierta sobre Jesús de Nazaret está reducido a lo contenido entre las cubiertas del Nuevo Testamento.

Durante años, las personas han estado saqueando las bibliotecas, desenterrando las ruinas de antiguas ciudades y hurgando en las arenas del desierto, pensando que posiblemente se podría encontrar una página que arrojara más luz sobre este hombre. Hace años, dos ingleses, excavando en las arenas del Egipto Medio, sacaron a la luz dos hojas de papiro, una de ellas partida en dos. Un estremecimiento de deleite recorrió el mundo de los eruditos cristianos al pensar que podría arrojarse alguna luz sobre la vida de Jesús. Por desgracia, el nuevo papiro no tenía nada nuevo que contar. La historia completa debía buscarse en el estrecho ámbito del Nuevo Testamento.

Pero podemos reducir los límites a un área aún más estrecha. Se puede escribir la vida de Jesús a partir del Libro de los Hechos, pero no contiene prácticamente nada que no se encuentre en los Evangelios. También se puede reconstruir una vida de Jesús a partir de las epístolas del Nuevo Testamento, pero no se añade nada de importancia a lo ya relatado en los Evangelios. Y, por lo tanto, en lo que concierne a nuestro propósito actual, podemos dejar de lado todos los demás libros del Nuevo Testamento y afirmar que todo lo que se sabe del carácter de Jesús debe buscarse dentro de los cuatro Evangelios. Que la vida del hombre más grande e importante que jamás haya vivido sobre la tierra esté escrita en tan pequeñas y escasas páginas es una de las sorpresas.

Fracciones del todo

Cuando estudiamos estos Evangelios, nos sorprende que nos digan tan poco, porque no nos dan una vida completa de Jesús. No nos dicen cuánto tiempo vivió Jesús, pero por los indicios dispersos parecería que vivió algo así como treinta y tres años. Treinta de estos años se pasan sin decir apenas una palabra, quedando profundamente sumergidos en una oscuridad en la que no entran rayos de luz. Los hombres que escribieron los cuatro Evangelios no intentaron ocuparse de las diez undécimas partes de la vida de Jesús. Se limitaron a dejar de lado la mayor parte de su vida. Tampoco intentaron tratar por completo siquiera los tres años de su ministerio público. Mencionan lo que Jesús hizo solo en un total de treinta a treinta y cinco días. Es decir, confinan su atención a una trigésima parte de su vida pública, quedando veintinueve trigésimas partes totalmente en blanco. O, en otras palabras, si vivió treinta y tres años y los evangelistas se ocupan solo de treinta y cinco días, ¡se limitan a una tricentésima parte de su carrera terrenal y dejan que doscientas noventa y nueve tricentésimas queden ocultas!

Estos hombres han registrado muchas cosas que dijo, pero sus dichos registrados se pueden decir fácilmente en cinco horas. Cuentan muchas cosas que hizo, pero casi todas ellas podrían haberse aglomerado en un solo día, considerando tan escaso es su informe de lo que Jesús dijo e hizo. Es evidente, pues, que no tenemos tanta información como quisiéramos. La pregunta es: ¿tenemos tanta información como necesitamos? Siempre existe una amplia brecha entre lo que queremos y lo que necesitamos, y no debe sorprendernos que exista una brecha en este caso.

Estos Evangelios intentan darnos solo sus palabras. No nos dan su expresión facial, el temblor del labio, el destello de sus ojos. No podemos ver su sonrisa ni su ceño fruncido. La expresión facial es una revelación, y esa revelación se pierde para siempre. Los evangelistas tampoco intentan darnos sus gestos. Los gestos son intérpretes del pensamiento. Un orador habla con la cabeza, con los hombros, con las manos, y mediante estos gestos el pensamiento se delata y se deja en claro. El gesto es una revelación, y es una revelación que ha sido perdido para siempre. El Nuevo Testamento no nos da la voz de Jesús. La voz es el mejor de los intérpretes. Por sus modulaciones y cadencias, por su entonación y lo que enfatiza, revela y explica e ilustra. La música del habla reside en las entonaciones, y muchas palabras adquieren una nueva gloria por la forma en que se pronuncian. La entonación es una revelación, pero en el caso de Jesús es una revelación que se ha perdido para siempre.

Y hay otra revelación a la que se nos niega el acceso: la revelación de sus suspiros y sus lágrimas. No podemos ver las lágrimas en sus mejillas cuando mira a Jerusalén y solloza: "¡Jerusalén, Jerusalén!". Si hubiéramos podido escucharlo llorar en el Huerto, habríamos podido ver más profundamente en su corazón. Pero esta revelación se nos niega para siempre. No tenemos nada más que palabras que tratar, y las palabras son a veces opacas y ambiguas, torpes intérpretes del corazón. Pero las palabras son todo lo que Dios nos ha dado, y con las palabras por tanto debemos contentarnos.

Palabras solas

Justo aquí surge una nueva sorpresa: No debemos ocuparnos de las palabras de Jesús. Habló en arameo, y no queda ni una docena de palabras arameas en los Evangelios. A la niña le dijo: "*Tulitha cumi*" (Marcos 5:41 RVA), que traducido significa: "¡Doncella, levántate!". En la cruz dijo: "*Eli, Eli, ¿lama sabachtani?*", que traducido significa: "Dios mío, Dios mío, ¿por qué me has abandonado?" (Mateo 27:46). Aparte de estas, solo ha quedado registrado para nosotros alguna palabra ocasional en arameo, y con estas pocas excepciones, todas las palabras que salieron de sus labios han desaparecido por completo. Leemos el Nuevo Testamento en español. Sus palabras no son las palabras de Jesús, son las de los traductores, las palabras elegidas por los eruditos que han interpretado para nosotros el texto griego. Pero ni siquiera las palabras griegas fueron pronunciadas por Jesús; las palabras griegas fueron palabras de los traductores elegidas para interpretar el significado de las palabras arameas. No es improbable que hubiera Evangelios arameos antes de que se escribieran los Evangelios griegos. Pero los Evangelios arameos hace tiempo que se convirtieron en polvo, al igual que los Evangelios griegos. Las primeras copias griegas se escribieron en papiro, y el papiro era tan frágil y delicado que pereció probablemente en menos de cien años. No tenemos copias del Nuevo Testamento que se remonten más allá del siglo IV, y esto también es una sorpresa.

Mirando, pues, estas palabras con las que tenemos que tratar, ¿dirán algo de la apariencia personal del Nazareno? Nada. A los hombres que escribieron los Evangelios no les interesaba la estatura de Jesús, ni el color de sus ojos o de su cabello, ni la expresión de su rostro, ni la complexión de su cuerpo. El Nuevo Testamento ha sido escudriñado con frecuencia por personas deseosas de obtener algún indicio de la apariencia personal de Jesús, pero no ha obtenido tal indicio. Se han tomado expresiones de aquí y de allá, y se les han sometido a tortura y abusado de ellas para obligarlas a dar al menos una sugerencia sobre el aspecto que tenía Jesús. Pero aún bajo tortura cada frase de los Evangelios guarda silencio absoluto sobre esta interesantísima cuestión.

Por lo tanto, debemos desterrar desde el principio todo cuadro de Jesús de nuestras mentes. No sabemos cómo era. Los artistas no han sabido; simplemente han pintado a partir de su propia imaginación. Los artistas, pues, se han limitado a pintar su ideal, y su ideal es la creación de su propio corazón, y eso es lo que tú y yo tenemos derecho a hacer. Si concibes a Jesús tal como se veía en los días de su carne, debes concebirlo según tu propio ideal. Tienes el mismo derecho que los artistas. Hay que recordar, pues, que no debemos estudiar la apariencia personal de Jesús sino las huellas de su mente y la inclinación de su espíritu. En otras palabras, debemos estudiar su carácter.

Impacto eterno

Pero, aunque las sonrisas y los ceños fruncidos, las entonaciones y las modulaciones, la mirada de los ojos y el gesto de la mano se hayan perdido para siempre, no debemos pensar que carecían de importancia en la historia del mundo. Todas esas cosas ayudaron a causar una impresión en los hombres que estaban más cerca de Jesús. Vieron su sonrisa; captaron la expresión de sus ojos; le oyeron reír, suspirar, sollozar; bebieron la música de su voz, y la pregunta es: ¿cómo se vieron afectados? El Nuevo Testamento nos dice que se vieron afectados de dos maneras distintas y opuestas.

A algunos les repugnaba. Les disgustaba, le temían, lo odiaban, lo detestaban, se le oponían . Su aversión llegó a ser tan venenosa que lo asesinaron. No podían permitir que permaneciera en esta tierra. Ese fue el efecto que produjo en cierto tipo de mente.

Había otros que se sentían atraídos por él. Les gustaba, lo amaban, lo adoraban, lo veneraban; estaban dispuestos a morir por él. Nunca debe olvidarse que cada uno de sus apóstoles, con una sola excepción, entregó su vida por Jesús, y eso ocurrió además, después de que Jesús hubiera muerto. Los hombres que estaban más cerca de él lo amaban con una adoración que no tenía límites, y comunicaron el impacto que les produjo a otras personas, lo cual ha llegado hasta el presente, de modo que, a principios del siglo actual, a miles de kilómetros de Palestina, la gente está construyendo iglesias en el nombre de Jesús, creyendo que su nombre está por encima de todo nombre y que toda rodilla debe doblarse ante él.

Al principio, pues, de nuestro estudio del carácter de Jesús, recordemos que el cristianismo tiene sus raíces en una vida que se vivió sobre la tierra. Hay una parte del credo niceno que todo ser humano puede repetir sin cuestionar y sin reservas. Hay algunos quienes podrían negarse a repetir la primera afirmación: "Creo en un solo Dios, Padre todopoderoso, Creador del cielo y de la tierra". Dios es espíritu, y alguien podría negarse a reconocer que existe. Hay quienes podrían tropezar con la última cláusula del credo, que expresa la creencia en la vida eterna. Eso también se extiende más allá del alcance de la vista humana, y hay quienes no afirmarán nada más allá de lo que pueden ver. Pero en el centro mismo del credo hay una pequeña frase respecto al que nadie puede formular una objeción razonable: "Sufrió bajo Poncio Pilato, fue crucificado, muerto y sepultado". Hay algunos que oponen a lo sobrenatural; no les gusta lo extraordinario. Muy bien, que empiecen por lo ordinario; que se posicionen sobre lo natural. Algunos de ustedes pueden pensar que el cristianismo está en el aire. Sus ramas, sin duda, están en el aire, pero sus raíces están en la tierra. Su base no está en la filosofía sino en la historia humana, no en la poesía sino en la experiencia mundana. Todo lo que ves del cristianismo en el mundo actual surgió de este hombre que vivió en Palestina, que sufrió bajo Poncio Pilato, fue crucificado, murió y fue enterrado.

Permíteme hacerte esta única petición: Mientras sigues mis palabras, lee el Evangelio de Marcos de principio a fin. Es probablemente el más antiguo de todos los Evangelios, el más corto de todos, el más gráfico de todos, y parece acercarse más a Jesús tal como lo vieron las personas en los días de su humillación. Si lees este Evangelio, me seguirás más en estos estudios, y llegarás a conocer mejor el único carácter supremo de la historia. Es un triste error para cualquier hombre o mujer dejar los asuntos religiosos enteramente en manos del ministro. Yo no puedo estudiar el carácter de Jesús por ti; tú debes estudiarlo por ti mismo. Todo lo que puedo esperar hacer es dejar sugerencias que posiblemente te ayuden en tu estudio.

Mejor que nadie

Posiblemente alguien diga que no podemos escribir una vida de Jesús en absoluto, y eso es cierto, si por "vida de Jesús" se entiende una biografía completa. Pero ¿y qué pasaría si quienes escribieron los Evangelios no intentaron escribir una biografía de Jesús, sino que tenían en mente algo totalmente distinto? Cuando Morley escribió *The Life of William Ewart Gladstone* (la vida de William Ewart Gladstone), llenó tres pesados volúmenes. Cuando Carlyle escribió *The Life of Frederick the Great* (la vida de Federico el grande), escribió más de seis mil páginas, llenando libros. Cuando Nicolay y Hay escribieron *Abraham Lincoln: A History* (Abraham Lincoln: Una historia), llenaron diez volúmenes de buen tamaño.

Evidentemente, estos escritores de los Evangelios no pretendían escribir una biografía de Jesús, ya que, de lo contrario, no se habrían restringido a unos límites tan estrechos. Nos vemos inclinados a la conclusión de que no estaban escribiendo la biografía de Jesús, sino el carácter de Jesús.

Se necesita una gran cantidad de material para una biografía, pero solo un poco para la dilucidar un carácter. No se necesitan todas las palabras que pronuncia el hombre; basta con unas pocas; cada palabra es un relámpago, y como un relámpago, ilumina el mundo de horizonte a horizonte. No necesitas muchas acciones; cada acción es como un rayo de sol que hace visible una obra oscura. A pesar de que los Evangelios son tan pequeños, conocemos a Jesús, su mente, corazón y espíritu, mejor de lo que conocemos a nadie que haya vivido sobre la tierra. Los que estudian detenidamente el Nuevo Testamento sienten que conocen a Jesús de Nazaret mejor que a cualquier otro personaje de la historia.

Alguien puede decir: "Ah, Jesús vivió hace dos mil años, y por tanto no podemos estar seguros de cuál era realmente su carácter". Se equivoca. Se puede comprender mejor a una gran persona a distancia que estando cerca de ella. Ninguna persona verdaderamente

> **Nos vemos inclinados a la conclusión de que no estaban escribiendo la biografía de Jesús, sino el carácter de Jesús.**

grande es apreciada en su valía por la gente en medio de la cual vive. El mundo no apreció a Abraham Lincoln hasta que murió. Su gran figura se ha ido perfilando cada década sucesiva, y las generaciones venideras le comprenderán mejor que nosotros. Entendemos a Lutero mucho mejor que sus contemporáneos. Entendemos a los apóstoles mejor que los padres de la iglesia primitiva. Entendemos a Jesús de Nazaret mejor que cualquier otra generación que haya vivido jamás.

JESÚS
EL MISMO

1

Todos se maravillaron.

MARCOS 1:27 RVA

LA FUERZA
DE JESÚS

¿Cuál fue la primera impresión que Jesús causó en sus contemporáneos? ¿Cuál ha sido la primera impresión que causó en ti? ¿La imagen que tienes de él es de alguien sumiso y manso, tranquilo y afeminado? ¿Lo has visto siempre de la manera como muchos pintores lo han pintado: ¿demacrado, de imagen horripilante, enfermiza y esquelética? Cuando piensas en él, ¿piensas en alguien flaco y demacrado, débil y pálido? A la gente de su época no le parecía así. Abre el Evangelio según Marcos. En el primer capítulo te cuenta en cuatro lugares diferentes la impresión que causó Jesús en las personas.

Primeras impresiones

Primero te habla de la impresión que causó Jesús en Juan el Bautista. Juan era un hombre poderoso; nunca había aparecido en Judea nadie más poderoso, pero Juan dijo que venía uno más poderoso que él. Cuando Jesús se presenta para ser bautizado, sucede algo extraordinario. Juan había llamado a la gente al arrepentimiento; se había enfrentado a los más grandes de su tiempo sin inmutarse. Había bautizado a grandes y pequeños, a altos y bajos, a ricos y pobres, a sabios y a ignorantes. Pero cuando aparece este hombre de Nazaret, Juan vacila, retrocede y dice: "Yo soy el que necesita ser bautizado por ti, ¿y tú vienes a mí?". Tal fue la impresión que Jesús causó en el intrépido reformador desde el desierto.

Tomemos otra ilustración: Jesús camina un día por la orilla del mar de Galilea y ve a dos hombres pescando; les dice: "Síganme", y en seguida dejaron sus redes y le siguieron. Unos pasos más allá, ve a otros dos hombres y les dice: "Síganme", y ellos lo dejaron todo y le siguieron. Tal fue la impresión que causó en ellos.

Él entra en la sinagoga y comienza a enseñar, y ellos se asombran, no de lo que dice, sino de la forma en que lo dice. Les enseña como quien tiene autoridad y no como los escribas. Hay algo en su voz que traspasa, corta y estremece, un tono que nunca habían oído. Es el tono de la autoridad, la voz de alguien fuerte.

O tomemos otra ilustración: hay un enfermo en la sinagoga, y Jesús lo cura, y de nuevo la gente se sorprende porque Dios haya dado tal poder a un hombre.

En estos cuatro casos, la primera impresión de Jesús es una que refleja autoridad, dominio, poder y liderazgo; es un hombre fuerte. Y esa, creo, es la enseñanza de todos los Evangelios: nos dan reiteradas ilustraciones del poder de Jesús. Atraía a las personas hacia él. Dondequiera que iba, estaba rodeado de una multitud. Baja a la orilla del mar, y la multitud es tan grande que lo empujan al agua, así que se sube a una barca. Va a la cima de la colina, e inmediatamente la ladera está llena de gente. Va al desierto, e inmediatamente una gran multitud lo rodea. A veces no se atreve a entrar en la ciudad por el tumulto que sin duda provocará su entrada. Todas las ciudades por las que pasa se ponen patas arriba con su presencia. Solo un hombre fuerte atrae hacia sí a grandes masas de personas.

Instruidos y no instruidos

Es digno de mención que tipos muy diferentes de personas se sienten atraídos por Jesús: los publicanos [recaudadores de impuestos] y los pecadores, la gran multitud inmunda. Pero Nicodemo, miembro del tribunal supremo de Palestina, también es atraído. También el centurión romano es atraído, diciendo a Jesús: "Yo sé lo que es mandar y tú también. Hay un enemigo en mi casa al que no puedo ordenar que salga; da la palabra y se irá". Jesús no solo atraía a la gente hacia sí, sino que la agitaba cada vez que se acercaba a él. ¿Has notado cuántas veces dicen los evangelistas al hablar del pueblo: "se asombraron"; "se asombraron con gran asombro"; "se maravillaron"; "se llenaron de estupor" o "se maravillaron"? Los evangelistas nunca dicen tales cosas de sí mismos. Mateo nunca dice: "Me quedé sorprendido". Marcos nunca dice: "Me quedé asombrado". Juan nunca dice: "Me maravillé". Escriben, todos, con un brazo de mármol: no hay sentimiento en los dedos que sostienen la pluma. Simplemente escriben de manera objetiva el efecto que Jesús causó en los demás.

Probablemente no se pueda encontrar mejor ilustración del poder de Jesús que la que ofrece la estimación que diferentes clases de personas hacen de él. Un día en que Jesús propuso la pregunta: "¿Quién dice la gente que soy yo?", los discípulos le dijeron que las personas tenían diferentes opiniones respecto a él. Algunos decían que era Juan el Bautista; otros, que era Elías; otros dijeron que era Jeremías; mientras que otros, sin poder dar su nombre exacto, se sintieron convencidos de que era uno de los antiguos profetas. ¡Esto es notable! Fueron a la tumba para encontrar a un hombre al que pudieran compararlo. No había hombre que viviera entonces con quien se le pudiera comparar, pero nosotros hacemos lo mismo. Cuando queremos conmover los corazones, apelamos a los muertos; cuando buscamos a los grandes, descendemos a la tumba y hablamos de Shakespeare y Julio César, de Carlomagno y Alfredo el Grande, de Lincoln y Webster; no nos atrevemos a utilizar el nombre de un hombre vivo. Eso es lo que hicieron los judíos. El nombre de ningún hombre vivo era lo bastante grande para transmitir su idea de poder que sentían se hallaba en Jesús. Él era uno de los gigantes de épocas pasadas que había regresado a la tierra, llevando consigo poderes aumentados por su estadía en los reinos de la muerte. Esto nos dice claramente que para ellos era un hombre de tremendo poder.

Y si los judíos sintieron esto respecto a él, ¿cuál fue la impresión que causó en los funcionarios romanos? Pilato le temía. Es el representante del césar en Palestina. Está revestido de autoridad. Jesús no es más que un pobre campesino desarmado. Sin embargo, Pilato le tiene miedo. Se aparta de él, se retuerce las manos con incertidumbre, se lava las manos e intenta deshacerse de este hombre. Siente que hay en él un poder distinto a cualquier otro con el que haya entrado en contacto antes.

Sin lugar para la neutralidad

Pero si quieres tener la mejor prueba de su poder, puedes encontrarla en la intensidad del odio y en la intensidad del amor que suscitó. ¡Cuántos lo odiaban! No podían oírlo hablar sin echar chispas, bufar y hervir como una olla bajo la que ruge el fuego. Despertaba tempestades en el corazón; despertaba serpientes dentro de ellos. Los llevó a la locura hasta que gritaron con frenesí: "¡Crucifícalo!". Solo alguien grande puede causar ello. No se puede odiar a un enclenque, a un bobo. Puedes odiar a Nerón o a Napoleón o a cualquier gigante, pero no puedes odiar a un don nadie. ¿Quién fue el hombre más detestado en Inglaterra durante el siglo pasado XIX? William E. Gladstone. En Estados Unidos tenemos poca idea del odio venenoso que se vertió sobre ese hombre. Incitaba a las personas al odio porque era muy poderoso. ¿Quiénes son los hombres más detestados hoy en América? Cada

> **Encendió una devoción superior a cualquier cosa que se haya conocido en el mundo.**

uno de ellos es un hombre de tremendo poder. Los hombres que son aborrecidos y temidos son hombres geniales, que tienen una capacidad extraordinaria para hacer que las cosas sucedan.

Pero si Jesús movió a algunos a odiarlo, provocó en otros a amarlo. Encendió una devoción superior a cualquier cosa que se haya conocido en el mundo. Encendió un fuego que corrió por toda Palestina, y luego por los bordes del Mediterráneo, y después en los bosques alemanes, pasando por el Canal de la Mancha, y más tarde por el Océano Atlántico, y ahora ese fuego ha saltado por todos los océanos y arde hoy más brillante que nunca. Y todo este fuego fue encendido por su corazón ardiente. Estas antorchas que arden ahora han atravesado las ráfagas de veinte siglos tormentosos, y nunca se han apagado, porque él las encendió. Suscitó un tipo de reverencia que nunca se ha concedido a ningún otro hombre que haya vivido. Él era tan poderoso que cuando las personas pensaban en él, pensaban en Dios. El hombre que estaba más cerca de él lo vio en una visión después de su desaparición, y dijo: "Al verlo, caí a sus pies como muerto" (Apocalipsis 1:17).

2

"No sean como los hipócritas".
MATEO 6:5

LA SINCERIDAD DE JESÚS

Todas las gracias son bellas, pero algunas tienen una belleza más fina que otras. Todas las virtudes son importantes, pero algunas son más esenciales que otras. Ciertas virtudes son llamativamente ornamentales, mientras que otras son claramente fundamentales. Una virtud fundamental es la virtud de la sinceridad. Es la piedra angular del arco sin la cual este se derrumba. O para cambiar de figura, la veracidad, la honestidad, la simplicidad, la franqueza, la sencillez, estas y muchas otras son solo hijas de la reina: la sinceridad.

Es la virtud que el corazón humano anhela y busca instintivamente. Es un rasgo que los ojos de un padre buscan en sus hijos. Cualquier engaño o falsedad en un niño hace sangrar el corazón paterno. "Hablas en serio?" "¿Me estás diciendo lo que realmente sientes?" "¿Me estás ocultando cosas que debería saber?" No hay nada que un padre desee tanto en sus hijos como la espontánea sencillez de un corazón sincero. Esto es lo que exigimos en todas las relaciones superiores de la vida. Una persona puede barrer la acera o hacer nuestro jardín y hacer ambas cosas bien, aunque en el fondo sea una tramposa. Pero nos cae mejor y nos sentimos más cómodos en su presencia si nos mira con ojos sinceros.

La verdadera amistad en un mundo caído

Hay un adjetivo con el que la palabra "amigo" no hará compañía y es el adjetivo "hipócrita". La sinceridad es la sangre misma y el aliento de la amistad. "Vale su peso en oro", decimos con regocijo, lo que significa que en nuestro amigo no hay ninguna hipocresía o falta de integridad. Su naturaleza es pura y no está adulterada. La mera sospecha de que alguien cuya vida es cercana sea falso nos inquieta y hace que el universo parezca inseguro.

Y, sin embargo, qué común es la falta de sinceridad. En qué mundo tan miserable y viejo vivimos, lleno de artimañas y deshonestidad y engaños de todo tipo. La sociedad está maldita de falsedad; los negocios están llenos de deshonestidad; el mundo político abunda en hipocresía y artimañas, y hay farsa, fingimiento y patrañas por todas partes.

Sí, es un mundo triste, engañoso y desmoralizado en medio del cual nos encontramos; pero gracias a Dios hay corazones aquí y allá en los que podemos confiar siempre. Los hemos puesto a prueba y sabemos que son verdaderos. No valdría la pena vivir si no hubiera nadie sincero en la tierra. Es al corazón sincero al que volvemos una y otra vez, buscando descanso y encontrándolo. Hay algunas cosas que no podemos ser, y muchas que no podemos hacer. Pero esta única cosa está al alcance de todos nosotros: podemos orar a Dios sin cesar para que mantenga nuestro corazón sincero.

Si quieres ver la sinceridad en su forma más hermosa, ve hacia Jesús. He aquí un hombre incapaz de mentir. Nada le era tan aborrecible como la falsedad. Ninguna otra persona despertaba tanto su ira como los hombres que pretendían ser lo que no eran. La palabra más repugnante en sus labios era la palabra "hipócrita". ¿Te has preguntado alguna vez por qué es imposible pronunciar esa palabra sin que caiga de los labios como una serpiente? Es porque sobre ella descansa su maldición. No era una palabra dura antes de que la pronunciara, pero sopló en ella el aliento caliente de su desprecio, y desde entonces es una palabra repudiada y asociada a la decepción.

Un hipócrita es un actor. Es una palabra tomada originalmente del teatro. En el teatro esperamos que los hombres y las mujeres sean otros de lo que parecen ser. Un plebeyo ordinario se envuelve en los ropajes de un rey, habla como un rey y actúa como uno, y no estamos ofendidos, porque no estamos siendo engañados. Se espera que en el

> **El mundo político abunda en hipocresía y artimañas, y hay farsa, fingimiento y patrañas por todas partes.**

escenario nadie sea lo que realmente es. Pero en el gran escenario del mundo, esperas que cada persona sea lo que afirma ser. Si decimos cosas que no creemos y proclamamos cosas que no sentimos, y aseguramos tener cosas que no poseemos, somos embaucadores y engañadores, causando maldad y confusión en el mundo. Fue la sinceridad de Jesús lo que le llevó a un conflicto mortal con los hipócritas. Un hipócrita y Jesús no pueden vivir juntos.

Nada más que la verdad

Era la exhortación constante de Jesús, que las personas dijeran la verdad. Los líderes religiosos de su época habían dividido los juramentos en dos clases: una clase, los obligatorios, la otra, los no obligatorios. Si un juramento contenía el nombre de Dios, era obligatorio para la conciencia; si se sustituía el nombre de Dios por algún otro nombre, entonces la conciencia podía quedar libre. A Jesús le repugnaba el razonamiento de los petulantes con ojos de murciélago. "No juren de ningún modo", dijo. "Cuando ustedes digan 'sí', que sea realmente sí; y cuando digan 'no', que sea no" (Mateo 5:34, 37). En otras palabras: "Si quieres hacer enfática una cosa, simplemente repítela. Si las personas dudan de ti, repite tranquilamente lo que ya has declarado". Jesús creía que la palabra de una persona debía ser tan buena como su juramento, o como decimos nosotros: "tan buena como su compromiso". Si el mundo fuera la clase de mundo que Dios quisiera que fuera, entonces toda la evidencia que se necesitaría para probar que cierta cosa es cierta sería que una persona la hubiera afirmado. Si actualmente es necesario realizar juramentos en los tribunales de justicia es debido a que el maligno ha corrompido muchos corazones y ha vuelto poco confiable el hablar ordinario de la humanidad. En un mundo ideal todos los juramentos son innecesarios e impensables.

Gracias a la sinceridad incorruptible de Jesús, tenemos en sus labios una extraordinaria abundancia de palabras sencillas. A ustedes y a mí no nos gustan las palabras sencillas. No nos atrevemos a usarlas, al menos no con frecuencia. Suavizamos nuestras palabras. Les quitamos fuerza. Sustituimos palabras sencillas y cortas por palabras largas y latinas, porque al multiplicar las sílabas atenuamos el significado. Por ejemplo, decimos "prevaricación" en lugar de "mentira", porque la falsedad, cuando se expresa pomposamente, pierde su maldad y su crudeza. Pero Jesús no utilizaba palabras aterciopeladas cuando estas lisonjeaban y engañaban. Su labor consistía en ayudar a las personas a verse tal y como eran. Las caracterizó con palabras que describieron con precisión su carácter. Un día le dijo a una multitud en la ciudad de Jerusalén que eran de su padre el diablo, cuyos deseos realmente querían cumplir. Continuó añadiendo que el diablo era un asesino y que no practicaba la verdad porque la verdad no estaba en él. Nos escandaliza tanta franqueza al hablar. No nos gusta. ¿Es porque no nos atrevemos a expresar las cosas tal como son? ¿Hemos adquirido el hábito de esconder los ojos y tratar de hacer que lo negro parezca gris o incluso blanco?

Jesús era incorregiblemente sincero, y fue la sinceridad aquello que lo llevó a que dijera a las personas la pura verdad. Les dijo a estos hombres: "Si dijera que no conozco a Dios, sería tan mentiroso como ustedes". Había un fuerte aliciente para que ocultara su extraordinario conocimiento. Una persona se hace odiosa al pretender saber más que otros y al afirmar que puede hacer más que ningún otro. Habría sido más fácil para Jesús adoptar el lenguaje de la gente supuestamente humilde que siempre está diciendo que no sabe nada y que no puede hacer nada y que no logrará nada. Pero Jesús era un hombre de verdad. No podía disimular que su conocimiento era único y que su poder era inigualable. Porque era veraz, no podía guardarse que era el buen pastor y la puerta, el pan de vida y la luz del mundo. Nada más que la sinceridad es lo que le habría llevado a hacer enfurecer los sentimientos de sus compatriotas con afirmaciones tan extraordinarias. Si hubiera guardado silencio o se hubiera hecho el ignorante en asuntos sobre los que poseía pleno conocimiento, en realidad habría sido un mentiroso como los propios hombres con los luchaba. Todas estas notables declaraciones suyas sobre la naturaleza de su personalidad y el alcance de su poder fueron forzadas a salir de sus labios por un corazón inquebrantablemente leal a la verdad.

La espantosa verdad

Las advertencias de Jesús han suscitado con frecuencia críticas y condenación debido a su severidad y a las aterradoras palabras con las que se expresan. Dijo a ciertos hombres que avanzaban hacia la perdición y pintó su derrota y ruina con frases que han hecho estremecer el corazón humano. ¿Cómo se explica semejante fuerza del lenguaje? Sería ciertamente cruel pronunciar tales palabras si no se conocieran las posibilidades y la destrucción que causa el pecado. Si lo sabía, entonces estaba obligado a decirlo. Las terribles parábolas del Nuevo Testamento son el producto de un corazón que era inflexiblemente sincero. ¿Cómo podrían decirse palabras suaves a personas cuyos pies caminan presurosos hacia la ruina?

Su misma sinceridad lo llevó a un lenguaje que, para nuestros fríos corazones, parece exagerado e innecesariamente ofensivo. Llamó a los dirigentes de Jerusalén mentirosos, ciegos, necios, serpientes, víboras. Si no eran todo esto, entonces Jesús queda condenado por hacer uso de palabras tan hirientes. Pero supongamos que estos hombres eran precisamente lo que tales palabras describían. ¿Entonces qué? Supongamos que lo eran, de hecho, mentirosos, necios y ciegos. ¿No era el deber de Jesús informarles de su lamentable condición? ¿Qué otra cosa podía hacer un amigo sincero? Estos hombres suponían que podían ver y que eran sabios, pero si estaban equivocados, ¿no correspondía a una persona honrada liberarlos, si era posible, de su engaño? Si eran venenosos, mortíferos y traicioneros, ¿por qué no compararlos con serpientes y víboras? No hay ni rastro de amargura en el lenguaje de Jesús. Es la tranquila afirmación de un hecho horrible. El Señor de la verdad debe, por necesidad, utilizar palabras que caractericen con precisión a las personas que han de ser instruidas y advertidas.

Lo más íntimo del corazón de Jesús encuentra expresión en su declaración a Poncio Pilato de que había venido al mundo para dar testimonio de la verdad. Ese era su trabajo. Nunca la eludió. Nunca se cansó de hacerlo. Estuvo rodeado toda su vida de personas que daban testimonio de la falsedad. Mintieron sobre él en cada ciudad en la que trabajó. Tergiversaron sus actos, sus palabras y sus motivos. Llenaron todo el aire de mentiras. Los testigos que comparecieron contra él en su juicio eran mentirosos. Pero en medio de ese conjunto despreciable de seres malignos y asesinos de mente y corazón falsos, él se alzó, tranquilo y radiante, como la única persona en el mundo cuyos labios nunca habían sido mancillados por una falsedad y cuyo corazón nunca había sido manchado por una mentira.

El poder de atracción de la verdad

En los siglos que han transcurrido desde que Jesús murió, se han dicho muchas cosas extrañas y poco complacientes sobre él, pero es sorprendente lo reacias que han sido las personas para acusarle de engaño. Han estado dispuestos a decir que estaba equivocado. Le han llamado visionario, fanático entusiasta y soñador; pero ninguna persona de mente y corazón cuerdos se ha aventurado jamás a afirmar que Jesús de Nazaret fuera un engañador a propósito. Unos han afirmado que sus apóstoles eran bribones y embusteros, que tergiversaron deliberadamente tanto su persona como sus enseñanzas; pero nadie se ha atrevido a sostener que el propio Jesús fuera capaz de mentir. Hay algo tan puro, franco y noble en él que dudar de su sinceridad sería como dudar del brillo del sol.

La lealtad incuestionable de Jesús a la verdad confiere a sus palabras un valor que ningunas otras palabras poseen. Cuando escuchamos las palabras de otras personas, debemos filtrar lo que dicen y tomarlo con pinzas. Nadie expone todo su ser en su discurso. Sus palabras lo revelan y también lo ocultan. Hay una discrepancia entre el alma y lo que declara la boca. No es así con Jesús. Él no oculta nada. Lo que piensa lo dice; lo que siente lo declara. Él declara todas las cosas como son. No se deja desviar por el pecado interior ni se deja intimidar por las fuerzas hostiles del exterior. Su carácter se revela en su discurso. Un proverbio chino dice que las palabras son los sonidos del corazón. Esto es innegablemente cierto de las palabras de Jesús. Sus palabras son simplemente los latidos de su corazón. No se parecen a ningunas otras palabras jamás pronunciadas. Encarnan toda la esencia del hombre. En estas palabras, esta gran alma emerge y se presenta ante nosotros, y en ellas contemplamos su gloria.

Este es, pues, el hombre que queremos. Un hombre así puede ser un refugio en tiempos de tormenta. A él podemos huir cuando estamos enfermos del corazón. A causa de los engaños del mundo, gritamos en la desdicha: "¿Quién nos mostrará algo bueno?". Cuando las personas nos decepcionan y los amigos son pocos, podemos acudir a aquel que dice: "Yo soy la verdad". Cuando estemos cansados y nos sentimos agobiados, podemos descansar nuestras almas en uno que es tan cierto como la mañana y tan fiel como las estrellas. El mundo está lleno de voces discordantes, y es difícil saber en qué voz confiar; pero su voz tiene en sí algo que inspira seguridad y apaga la incertidumbre y la duda. Lo que Jesús enseña sobre Dios, podemos recibirlo. Lo que dice del alma, podemos creerlo. Lo que declara sobre el pecado y el castigo que merece, podemos aceptarlo. Lo que afirma sobre los principios de una vida, podemos ponerlo en práctica, sin dudar nunca. Cuando nos dice que hagamos una cosa, podemos hacerla, seguros de que es lo mejor que podemos hacer. Cuando nos advierte contra un curso de acción podemos evitarlo, sabiendo que en esa dirección se encuentran la oscuridad y la muerte. El camino que nos exhorta a todos a tomar, podemos emprenderlo con valentía, convencidos de que si lo tomamos llegaremos por fin sanos y salvos a casa.

3

**Y desde entonces nadie se atrevió
a hacerle más preguntas.**

MARCOS 12:34

EL APLOMO
DE JESÚS

Por el aplomo de Jesús, me refiero al fino equilibrio de sus facultades, el equilibrio de su naturaleza. Todo niño sabe lo que es equilibrar un bastón sobre su mano, o sostener un bastón con firmeza apoyando un extremo de este sobre la punta de su dedo. Después de un poco de práctica le es posible sostenerlo absolutamente recto. Este equilibrio es un estado de reposo producido por la oposición de dos o más fuerzas opuestas. Así es como una persona puede equilibrarse en medio de las tormentas de este bullicioso mundo. Este equilibrio se debe en primer lugar a un cierto equilibrio de facultades. Qué pocas veces encontramos personas bien equilibradas La persona promedio es unilateral, asimétrica, desigualmente desarrollada. Todos estamos sobre desarrollados en un lado de nuestra naturaleza y subdesarrollados en el otro. Parece casi imposible mantener nuestras facultades en equilibrio. Si somos fuertes en ciertas características, es prácticamente seguro que seremos débiles en las características opuestas. Mira a los hombres y mujeres que conoces a tu alrededor, ¿y respecto a cuántos de ellos puedes afirmas que su disposición está finamente equilibrada?

"¡Oh, si él no tuviera tanto de eso!". "¡Oh, si solo tuviera un poco más de esto otro!". Eso es lo que sentimos siempre cuando los caracteres de las personas pasan ante nosotros para ser juzgados. "Sería un hombre ideal, pero ..." "Ella sería una reina entre las mujeres, pero ..." Siempre falta algo para que el personaje sea lo que debe ser.

Evitó todos los extremos

Pero cuando nos acercamos a Jesús, nos encontramos en presencia de un hombre sin defectos. Era entusiasta, rebosante de entusiasmo, pero nunca se volvió fanático. Era emotivo: las personas podían sentir el palpitar de su corazón, pero nunca se puso histérico. Era imaginativo, lleno de poesía y música, veía imágenes por todas partes, arrojaba sobre todo lo que tocaba una luz que nunca estuvo en la tierra ni en el mar, encarnaba la inspiración y el sueño del poeta, pero no fue fácilmente distraído. Era práctico, tenaz, directo, pero nunca fue ordinario, nunca aburrido. Su vida siempre fue atractiva. Era valiente pero nunca temerario, prudente pero nunca cobarde, único, pero no excéntrico, empático, pero nunca sentimental. Grandes corrientes de compasión fluían de su tierno corazón hacia aquellos que lo necesitaban , pero al mismo tiempo corrientes de lava fluían del mismo corazón para incendiar y abrumar a los obreros de la iniquidad. Era piadoso, pero no hay ni rastro en él de santurronería. Toda la empalagosa y repugnante piedad que se ha caricaturizado en los libros es el producto de corazones y mentes subdesarrollados muy alejados de la piedad de su robusta alma. Era devoto, el hombre más profundamente devoto que jamás haya vuelto su rostro hacia Dios, pero ni una sola vez cayó en la superstición. Y por ser tan integral y en todos los aspectos tan completo, la gente nunca ha sabido dónde clasificarlo. ¿De qué temperamento era? Es imposible decirlo. Tenía en él todas las virtudes, y todas en la justa medida . Exhibía todas las gracias, y cada una de ellas estaba en su máximo esplendor. Permanece en la historia como la única persona bella, simétrica, absolutamente perfecta.

De este equilibrio de sus poderes procede un aplomo sin igual en su conducta. Vivió siempre en un torbellino. Mientras los demás a su alrededor se doblaban como juncos, él nunca llegó a flaquear. Los hombres tendían sus trampas e intentaron atraparlo, pero él caminó valientemente en medio de ellos y nunca se dejó atrapar. Los atletas intelectuales de su época intentaron hacerle tropezar, pero nunca lo consiguieron. Sus enemigos hicieron todo lo posible por trastornarle, pero nunca pudieron. Le lanzaron sus lazos a la cabeza, pero nunca consiguieron echarle un lazo al cuello. Cavaron sus fosos, pero él nunca cayó en ellos. Dondequiera que iba, estaba rodeado de enemigos que esperaban para atraparle en su charla, pero nunca lo lograron. Le hacían todo tipo de preguntas, esperando que con sus respuestas se auto incriminara, pero nunca lo hizo. Le plantearon un dilema tras otro, diciendo: "Le atraparemos por un motivo u otro", pero siempre se les escapó. Después de haber hecho todo lo posible, se retiraron, derrotados del campo de batalla. Él permaneció como el vencedor indiscutible.

Este maravilloso aplomo surgió en el templo cuando solo era un niño de doce años. Los ancianos en medio de los cuales se sentaba se asombraron de sus respuestas. Al principio de su carrera pública oía las voces seductoras que resonaban en sus oídos. Una y otra vez el maligno acudía a él con una nueva seducción, pero cada vez él echaba atrás al tentador citando el pasaje exacto de las Escrituras que esa tentación necesitaba. Los hombres trataron de acusarlo de infringir la ley en relación con el día de reposo, pero inmediatamente demostró, basándose en las Escrituras y en la razón, que lo que había hecho era correcto.

> **Tenía en él todas las virtudes, y todas en la justa medida.**

Algunos lo interrumpieron en medio de su predicación, pero él nunca se dejó perturbar. Un hombre gritó: "Dile a mi hermano que comparta la herencia conmigo". Y rápida como un rayo, llegó la respuesta: "¿Quién me nombró a mí como juez entre ustedes? Déjame decirte a ti y a todos los demás que tengan cuidado con la avaricia". Cuando Pedro, en Filipos, comenzó a protestar contra su partida a Jerusalén, donde sería asesinado, Jesús le dijo: "¡Aléjate de mí, Satanás!" (Mateo 16:23). Ya había oído esa voz antes. La reconoció incluso en los labios de su amigo. Uno de los últimos recursos del diablo es hablar a través de la boca de un amigo, pero ese truco no puede engañar a Jesús.

Silenció a sus acusadores

El último martes de su vida, decidieron deshacerse de él. Todos los diferentes grupos unieron sus fuerzas y se pusieron a pensar juntos para urdir un plan por medio del cual este joven profeta debería ser llevado a prisión. Los fariseos se dirigen a él con esta pregunta: "¿Está permitido pagar impuestos al césar o no?". Era una pregunta con una intención oculta. Si él decía que sí, entonces eso lo haría odioso para todo judío patriota, pues ningún judío que tuviera un corazón patriota creía que fuera correcto pagar dinero judío a un tesoro público gentil. Si, por otro lado, decía que no, entonces demostraba ser un traidor a Roma, y los funcionarios romanos podían abalanzarse inmediatamente sobre él. ¿Qué haría él? Sosteniendo un trozo de dinero en sus manos dice: "¿De quién es esta inscripción?". Y cuando le responden "Del césar", les devuelve el dinero diciendo: "Denle al césar lo que es del césar y a Dios lo que es de Dios" (Marcos 12:17). Los fariseos eran gente engreída, pero después de eso no se atrevieron a hacerle más preguntas.

Sin embargo, había un escriba que pensó en probar suerte. Después de que el hombre citó como el mandamiento más importante de la ley: "Ama al Señor tu Dios con todo tu corazón, con todo tu ser, con todas tus fuerzas y con toda tu mente", y "Ama a tu prójimo como a ti mismo", Jesús respondió: "Haz eso y vivirás". Pero el hombre insistió: "¿Y quién es mi prójimo?". Entonces Jesús le contó la historia del sacerdote, el levita y el samaritano que vieron al hombre caído en el camino. Después de contar la historia, le lanzó la pregunta al hombre: "¿Cuál de los tres fue el prójimo del hombre que cayó en manos de los ladrones?" (Lucas 10). Después de eso, los escribas no le hicieron más preguntas.

Llega el momento en que Jesús es apresado y llevado ante Caifás, y el maravilloso aplomo del profeta desconcierta y aturde al sumo sacerdote. Incapaz de hacer nada con él, lo envía a Pilato. Pilato le interroga y tiene miedo. ¡Qué imagen! El profeta de Galilea tranquilo, inamovible, diciendo: "Para esto nací y para esto vine al mundo: para dar testimonio de la verdad". Vean a Pilato encogido, acobardado, evasivo, lavándose las manos y diciendo que no se propone tener nada que ver con semejante hombre. Jesús tiene aplomo, y Pilato, representante de la Ciudad Eterna, servidor de un imperio de sangre y hierro, no tiene aplomo alguno. Es un hecho interesante que a pesar de que Jesús estuvo hablando constantemente en público durante tres años, ni uno solo de sus enemigos fue capaz de pillarlo en su discurso, y cuando por fin lo condenaron, tuvieron que hacerlo basándose en una mentira deliberadamente inventada.

También es digno de mención que ni uno solo de los enemigos de Jesús fue capaz, mediante la injusticia o la falsedad o el odio, de empujar a Jesús a una palabra precipitada o a una actitud injusta. La mayoría de las personas están tan mal equilibradas que se les puede empujar con muy poca presión a un discurso pecaminoso o a una actitud poco cristiana. Jesús tenía un aplomo tan firme que bajo la presión de la vituperación más venenosa que jamás se haya lanzado contra nadie, permaneció impasible e inconmovible. Su aplomo era divino.

Atracción atemporal

Como está tan bien equilibrado y tan lleno de aplomo, cada generación vuelve a él en busca de inspiración. ¿No es notable que los del siglo I creyeran ver en él la figura ideal de lo que debe ser una persona; y que los del siglo IV que lo observaban sintieran lo mismo; y que los del siglo X que lo observaban sintieran lo mismo; y que los del XVI que lo observaban estuvieran de acuerdo con todos los siglos anteriores; y que los del siglo XXI que lo observan sientan que en él encuentran un modelo perfecto? Quienes llevan una vida intelectual acuden a él en busca de orientación e instrucción. Los hombres y mujeres de emoción que desean reavivar los manantiales del alma buscan en él inspiración. Las personas de altas aspiraciones que desean elevar el alma se sientan humildemente a sus pies, confesando que él tiene las palabras de la vida. Y ahora que han surgido problemas nuevos y complicados en la vida comercial e industrial y en la vida social, las personas dirigen la mirada con nostalgia hacia él, sintiendo que tiene la llave que abre todas las puertas, que conoce el secreto de una vida completa y perfecta. Hay una gracia en él que no se desvanece; hay una lucidez en él que impone respeto; hay un encanto en él que corteja y conquista el corazón; y nosotros, como las generaciones precedentes, caemos rendidos ante él reconociendo que su carácter no tiene ningún defecto y que su vida no tiene ninguna mancha.

4

"¡Yo hago nuevas todas las cosas!".
APOCALIPSIS 21:5

LA ORIGINALIDAD DE JESÚS

La palabra "originalidad" no aparece en el Nuevo Testamento, porque nadie en la época de Jesús se planteó nunca la cuestión de si él era original o no. Todos daban por sentado que lo era. Dondequiera que iba, los ojos de las personas se abrían de par en par. Palestina se había convertido en un lugar somnoliento, pero Jesús, con su enseñanza, la sacudió de su letargo y sueño. Dondequiera que iba, la gente se agitaba al calor de la fiebre por lo que veía y por lo oía, y clamaba asombrada: "Nunca habíamos visto algo así".

Su enseñanza en sí impactó a los contemporáneos de Jesús como algo novedoso. "¡Una enseñanza nueva!" era la exclamación que seguía a muchos de sus discursos. Sus críticos más severos opinaban que nadie había hablado como él. En su hablar había algo tanto en la forma como en el contenido, que captaba la atención y arrojaba una luz fresca sobre Dios y la humanidad.

Había habido muchos maestros en Palestina, pero ninguno de sus predecesores había hablado con su acento. La gente común se dio cuenta enseguida de que su manera de ser no era la de los maestros profesionales del país. Les enseñaba como quien poseía autoridad.

Verdaderamente diferente

El hombre en sí, pronto notó la gente, era diferente de los demás hombres que vivían entonces. A veces se imaginaban que podía ser en realidad uno de los gigantes de los primeros siglos regresado de nuevo a la tierra, y otras veces no podían ofrecer ninguna explicación a su genio, exclamando simplemente: "¿Qué clase de hombre es este?" (Mateo 8:27). Fue porque Jesús era diferente de todos los demás de su época y generación que creó una sensación que dejó a la nación temblando. Si hubiera repetido las viejas enseñanzas a la antigua usanza, no habría enfurecido a los escribas y fariseos ni provocado la tragedia del Gólgota. Era demasiado original para ser soportable. Promovió demasiadas ideas extrañas y revolucionarias como para que la tierra lo soportara. Fue porque hizo nuevas todas las cosas por lo que le clavaron en la cruz.

¿Fue Jesús realmente original? Este tema de la originalidad siempre provoca discusión. Nadie jamás ha pretendido ser original sin que su pretensión no haya sido discutida. Ningún genio ha sido jamás colocado entre los pensadores del mundo sin suscitar una multitud de críticos que han negado vehementemente su derecho a ocupar un lugar allí.

¿Era, entonces, original Jesús? Depende de lo que se entienda por originalidad. Si para ser original hay que acuñar palabras nunca oídas y hablar con frases que ninguna otra lengua ha utilizado jamás, entonces Jesús no fue original. No acuñó ninguna palabra nueva, y muchas de sus frases tienen el sabor de épocas anteriores. Tampoco fue alguien que proclamara ideas que nunca antes hubieran pasado por la mente de las personas. Todas sus ideas principales sobre Dios y el alma, sobre el deber y el destino habían sido, si no ampliadas en los escritos de los poetas y profetas hebreos, al menos sugeridas allí; y los principios de conducta que Jesús enseñó eran, en su mayor parte, los mismos principios que habían sido proclamados por hombres de Dios antes de su época.

Si hay un Dios que ama a nuestra raza humana, es increíble que ninguna idea correcta de la deidad o del alma, del deber o del destino, entrara en la mente humana antes de Jesús naciera en Belén. Triste hubiera sido en verdad que Jesús, al venir a la tierra, no hubiera encontrado en la mente humana conceptos que correspondieran a la verdad ni sentimientos en sus corazones en que Dios pudiera deleitarse. El hecho es que Dios nunca ha dejado a sí mismo sin un testigo. El Hijo de Dios siempre ha estado en el

> **Ninguna personalidad como la de Jesús había antes envuelto en carne. Era un hombre nuevo. Incluso los soldados romanos podían sentir que era diferente de todos los demás hombres que habían conocido.**

mundo. Es la luz que ilumina a todo ser que nace. Desde el principio, ha estado dando a los seres humanos ideas y sentimientos correctos y ha estado ayudándoles a llegar a conclusiones y decisiones correctas. Debemos, por lo tanto, no esperar nada en la enseñanza de Jesús absolutamente no concebido antes de su encarnación. Deberíamos esperar hallar justo lo que encontramos, que todo lo que enseñó había sido anticipado y que todas sus ideas fundamentales habían existido en germen en los escritos de hombres santos que en diversas épocas habían sido movidos por el Espíritu Santo.

No para destruir sino para dar cumplimiento

Jesús, en lugar de sugerir ideas nunca antes oídas y exponer verdades de las que ninguna persona había concebido jamás, recogió los escritos antiguos, declarando que contienen la palabra del Todopoderoso y que él había venido a interpretar su significado y a cumplir lo que los poetas y profetas habían soñado, no a destruir las viejas ideas ni las antiguas verdades. Vino a darles plenitud. Había habido prefiguras, anticipaciones y aproximaciones, y ahora, en la plenitud de los tiempos, Dios va a hablar su mensaje pleno y contundente a través de su Hijo.

Es en este punto, pues, donde debemos buscar la originalidad de Jesús. No la encontraremos en sus frases, ni siquiera en sus concepciones, sino más bien en su énfasis y su manera de leer la vida y el mundo. Comenzó leyendo un viejo capítulo de Isaías, pero le dio un énfasis que nunca antes se había conocido, y el resultado fue que irrumpió en la congregación de Nazaret con la fuerza de una revelación fresca. Las personas leían las Escrituras, pero no sabían qué palabras enfatizar. Jesús lo entendió. El resultado fue que la Escritura se hizo nueva. La religión es en parte ceremonia y en parte ética. Como todas las demás cosas de la tierra, debe tener un cuerpo y también un espíritu. Pero los dirigentes de la iglesia judía habían olvidado el punto de énfasis. Jesús lo sabía. Al hacer hincapié en la misericordia en lugar del sacrificio, hizo que la religión fuera nueva. Las personas habían olvidado cómo leer el mundo. Había instituciones y seres humanos, y los hombres más sabios de Israel habían olvidado cuál es más importante, una institución o una persona. Jesús puso el énfasis en el alma individual y al hacerlo abrió una nueva época en la historia del mundo.

Confianza absoluta

También había en su enseñanza un tono que la gente nunca había oído antes, ni siquiera en la voz de Moisés o Elías. Era el de la seguridad, la certeza, la autoridad. No son las palabras que uno pronuncia, sino la forma en que las pronuncia lo que determina su efecto en la vida del mundo. Nunca se había oído en Palestina un tono como el de Jesús. Nunca hubo un titubeo en su voz. En ningún discurso hubo nada problemático. Nunca dudó, especuló o hizo uso de entonaciones que indicaran una mente vacilante. Siempre fue positivo, certero, infalible. "En verdad les digo" (NBLA); tal era su manera de hablar, y era una manera que no aprendió de ningún otro.

El nuevo tono y el nuevo énfasis eran el producto de una nueva personalidad. Ninguna personalidad como la de Jesús había antes envuelto en carne. Era un hombre nuevo. Incluso los soldados romanos sintieron que era diferente de todos los demás hombres que habían conocido. Tenía todas las facultades y pasiones de nuestra humanidad común y, sin embargo, nadie las había tenido nunca en la combinación y en la fuerza en que se encontraban en él. Jesús era el hombre completo. ¡Qué plenitud de vida había en él! ¡Qué poder tenía! El mundo de la naturaleza respondía al más suave toque de las yemas de sus dedos. Era diferente de todos los demás hombres que habían existido, y así lo dijo.

Afirmaciones únicas

Se elevó a sí mismo a una posición única y reclamó para sí privilegios y derechos que negaba a todos los demás. Afirmó ser la luz del mundo, el pan de vida, el agua de vida, el único buen pastor, el camino, la verdad, la vida, el único mediador entre Dios y los seres humanos, el único que conoce la deidad por completo y que puede salvar al mundo de sus pecados.

Aquí nos encontramos con algo que es único y en todos los sentidos original. Ningún otro hombre había hablado nunca de esta manera ni en Palestina ni fuera de ella. Jamás se oyó un lenguaje semejante en la India ni en ningún otro lugar. No hay nada que se le parezca siquiera en los más grandes poetas o profetas hebreos. Es cuando Jesús habla de sí mismo cuando captamos una nota original en la música de nuestro mundo. Cuando oigas a alguien cuestionar la originalidad de Jesús y hablar de los pasajes paralelos que se encuentran en los escritores rabínicos, pide unos cuantos pasajes paralelos que correspondan a los párrafos de los Evangelios en los que Jesús declara lo que es.

Juan, que era quien mejor le conocía, le oyó decir: "¡Yo hago nuevas todas las cosas!" (Apocalipsis 21:5). Podía decir esto porque él mismo era nuevo. Al no tener nuestras debilidades y temores, nuestras flaquezas y nuestros pecados, sus ojos ven las cosas como los nuestros no las ven, y su corazón tiene sentimientos que nosotros apenas comprendemos. Él dice: "Vengan a mí, y haré nuevas todas las cosas". Lo hace dándonos una actitud cambiada ante la vida, enseñándonos como cambiar el énfasis de las palabras poco importantes hacia las palabras relevantes, y mostrándonos la insignificancia del espectáculo y la forma en comparación con las cualidades de un corazón amoroso. Es una obra original, y solo él puede hacerla. Lo hizo por Pablo. Pablo era un erudito y estaba familiarizado con esos maravillosos escritos rabínicos en los que ciertos eruditos modernos encuentran tales reservas de tesoros. Pero por alguna razón, estos maravillosos escritos, incluso enseñados por el más grande de los rabinos, no llegaron a la necesidad más profunda de Pablo, quien seguía clamando: "¡Soy un pobre miserable! ¿Quién me librará de este cuerpo sujeto a la muerte?" (Romanos 7:24). Y entonces un día se encontró con Jesús, y he aquí que todas las cosas se hicieron nuevas. Desde aquel día hasta el día de su muerte, Pablo instó a sus lectores a despojarse del viejo ser y a revestirse del nuevo, que, según Dios, ha sido creado en la justicia y la santidad verdaderas.

Una perspectiva que cambia la vida

Puede que, para algunos de ustedes, la vida se haya vuelto fastidiosa y el mundo monótono y corriente. La vida ha perdido su chispa y su entusiasmo. Los días se sienten vacíos y todo ha perdido su esplendor. ¿Qué vas a hacer? Esto es lo más sabio que puedes hacer: ve a Jesús y entrégate de nuevo a él. Sumérgete más profundamente en su vida y capta sus maneras de ver las cosas y de servir a Dios. Adopta su punto de vista; asume su actitud; capta su énfasis; bebe del tono de su voz; y, sin duda, él hará por ti lo que hizo por Saulo de Tarso y lo que ha hecho y sigue haciendo por muchos: hará nuevas todas las cosas. Él unifica la vida humana; la simplifica, eleva, transforma y transfigura, todo porque es el Maestro y el Salvador del corazón. "Si alguno está en Cristo, es una nueva creación. ¡Lo viejo ha pasado, ha llegado ya lo nuevo!" (2 Corintios 5:17).

5

"Estrecha es la puerta".
MATEO 7:14

EL ESTRECHEZ DE JESÚS

Pensemos en la estrechez de Jesús. Sé que "estrecho" es una palabra despectiva en nuestro lenguaje moderno y perjudicial para la reputación de una persona. Con frecuencia oímos que se utiliza en un sentido malévolo y condenatorio; a veces nosotros mismos la utilizamos así. Decimos: "Oh, sí, esta persona es de mente estrecha", queriendo decir que un lado de su naturaleza ha sido atrofiado, arruinado. Su mente no está plenamente formada. Su corazón no está plenamente desarrollado. Se trata de un hombre empequeñecido, encogido por una educación defectuosa o deformado por las presiones de un entorno estrecho . En ningún sentido era estrecho el hombre de Galilea. Pero ¿qué palabra expresará mejor uno de los rasgos más notorios de Jesús que esta palabra "estrechez"? Se fijó límites definidos para sí mismo; se confinó dentro de limites reducidos, y en este sentido era estrecho.

¡Qué estrecho era el círculo dentro del cual realizó todo su trabajo! Vivió su vida en Palestina, un pequeño país un poco más grande de la isla de Puerto Rico. No era un país prominente, sino solo una pequeña provincia tributaria de la poderosa Roma. No figuraba ante los ojos del mundo; las personas importantes de las capitales del mundo sabían poco de ella y les importaba menos. Era un país desconocido y rural, pequeño e insignificante en prestigio, y sin embargo el Príncipe de la gloria se recluyó en este pequeño rincón del mundo.

Podría haber viajado por todo el mundo como muchos ilustres maestros habían hecho antes de su época. Podría haber enseñado en Atenas y alzado su voz en las calles de Roma, la Ciudad Eterna. Podría haber dado su mensaje a un amplio círculo de hombres cuya influencia abarcaba muchas tierras; pero prefirió quedarse en casa, dedicar su tiempo a las ciudades de Galilea, derramar su fuerza en las aldeas de Judea. Durante treinta años permaneció en la lúgubre oscuridad de una carpintería, y el país sobre el que derramó toda la riqueza de su cerebro y de su corazón era solo una carpintería entre los palacios de la tierra.

Una sola cosa

Si su campo se contrajo, también lo hizo el carácter de su trabajo. Solo intentó hacer una cosa. Había mil cosas buenas que un buen hombre en Palestina podría haber hecho, pero dejó novecientas noventa y nueve de ellas sin intentar y se limitó a la única cosa que creía que su Padre celestial le había dado para hacer. Las personas no comprendían tal restricción. Siempre le instaban a girar en una órbita más amplia y hacer algo que creara un mayor revuelo. Un hombre le interrumpió un día mientras hablaba, diciendo: "¡Haz que mi hermano reparta la herencia conmigo!". Pero su respuesta fue: "Eso queda fuera de mis terrenos; ven y escúchame y haré por ti el servicio para el que Dios me ha designado". Era una obra justa lo que el hombre quería que se hiciera, pero no era la obra de Cristo, y por lo tanto no lo haría. Nadie puede hacerlo todo. Hay mil cosas que hay que hacer y que, sin embargo, ninguna persona, por muy laboriosa y noble que sea, puede realizar. Jesús puso límites a su actividad, y más allá de esos límites nadie jamás lo persuadió a ir.

Un día sus hermanos querían que fuera a Jerusalén y causara impresión entre los grandes de allí, pero él se negó a escuchar su exhortación, diciéndoles que podían ir cuando quisieran, pero que con él era diferente. No podía ir hasta que llegara la hora de hacerlo, hasta que su trabajo le obligara a ir. No podía irse hasta que hubiera llegado su hora. Cuando llegó la hora, se dispuso con determinación a ir a Jerusalén. En todo momento, los hombres trataron de desviarlo, pero no pudo ser desviado. A Jerusalén debía ir. Tenía un bautismo con el que ser bautizado,

> **Tenía ojos que veían a través del exterior de los corazones de las personas y las juzgaba con una intrepidez que las hacía agacharse aterrorizadas.**

fue presionado por ambos lados, y no hubo alivio hasta que su trabajo estuvo cumplido. Siempre habla como un hombre cuyos pies están en un camino estrecho. No podía malgastar su energía; no podía desperdiciar ni una sola hora. Siempre estaba "debo", "debo", "debo". Había caminos amplios a su derecha y a su izquierda, y por ellos viajaban miles de sus compatriotas, pero él no podía ir con ellos. A él le correspondía caminar por la senda estrecha, pues solo esta conducía a la vida gloriosa que había de alegrar y salvar al mundo. Cuando habla de los dos caminos, uno de ellos estrecho y el otro amplio, está hablando a partir de su propia experiencia; y cuando insta a las personas a elegir el estrecho con preferencia al amplio, solo está diciendo: "¡Síganme!".

Un solo camino

En el ámbito del intelecto, eligió el camino estrecho. Actualmente prevalece el sentimiento de que no es prudente que uno se limite a una religión o a una creencia en particular. Se dice que es mejor no atar tu fe a una sola idea o verdad, sino mantenerte dispuesto a aceptar cualquier idea que pueda presentarse en tu camino. Mantén las ventanas y las puertas de tu mente abiertas de par en par y deja que sople todo lo que los vientos puedan llevar, pero no te aferres a ninguna concepción definitiva de Dios o del alma, del deber o del destino, porque al hacerlo te restringes a ti mismo y puedes acabar degenerando en un fanático.

Jesús de Nazaret no simpatizaba con este tipo de filosofía. Para él, ciertas concepciones de Dios eran verdaderas y otras eran falsas; ciertas consideraciones de los seres humanos eran correctas y otras erróneas; ciertas normas del deber eran edificantes y otras degradantes; y con toda su mente, alma y fuerza se aferró a lo verdadero y combatió lo falso.

Nunca rehuyó a la hora de sostener opiniones tajantes y de expresarlas con vigor y énfasis. No temía que le llamaran intolerante o fanático. Distinguía entre la falsedad y la verdad, y no se avergonzaba de pisotear la primera y proclamar audazmente la segunda. Atacaba los errores sin importarle quién los sostuviera, y repudiaba las alucinaciones sin importarle cuántos las aceptaran. En muchos círculos modernos se le habría considerado un hombre de mente estrecha, porque no hacía concesiones ni se doblegaba sino mantenía con persistencia inquebrantable las cosas que su corazón sabía que eran verdaderas y buenas.

Apartó del camino a otros líderes y maestros con magníficos gestos cargados de desprecio. "Otros hombres les han enseñado esto o aquello, pero yo les digo …". Y cuando sus oyentes, asombrados por la audacia de su discurso, levantaron los ojos, vieron que se había colocado por encima incluso de Moisés y de los profetas. No permitía que sus seguidores vagaran a su voluntad por los reinos del pensamiento, aceptando todo o nada a su capricho o antojo; sino que enseñaba día tras día ciertas concepciones y principios definidos y positivos a los que debían aferrarse o, de lo contrario, perderían sus almas. Vino a dar testimonio de la verdad, y por esa razón no era lo suficientemente amplio como para dar cabida en su corazón a la falsedad.

Lo correcto y lo incorrecto

Esta misma estrechez aparece de nuevo en la limitada gama de cosas que aprobaba. Había algunas cosas que podía alabar, y había otras que se veía obligado a condenar. Había algunas personas a las que podía elogiar, y había otras que no merecían más que una ardiente condena. No lucía una sonrisa universal. No agrupó a las personas como si todas fueran iguales. Hizo distinciones, y enseñó a otros a hacerlas también. Hay una forma débil y sentimental de agrupar a las personas y tratar de hacer creer que todas son sustancialmente iguales y que, después de todo, una persona no es mucho mejor que otra. La valoración de Jesús era el producto de un riguroso discernimiento. Tenía ojos que veían a través del exterior de los corazones de las personas y las juzgaba con una intrepidez que las hacía agacharse aterrorizadas.

La banda de ladrones que ejercía su actividad en el templo fue expulsada desconcertada y consternada. A algunos de los hombres más influyentes de Jerusalén les dijo: "¡Ustedes son necios y ciegos; son serpientes; son víboras!". Entre unas personas y otras se había abierto un abismo profundo. No minimizó la atrocidad del pecado tratando a todos por igual. A algunos de nosotros no nos importa si las personas son honestas o no, o viven vidas impuras o no; pero a Jesús sí le importaba. Ningún canalla ruin y despreciable sintió jamás en presencia de Jesús ganas de levantar la cabeza. Era tan estrecho en sus juicios que se negaba a que los malos se sintieran buenos. En todos sus juicios sobre la vida de los humanos, siguió el camino estrecho.

Es en su hábito de trazar distinciones y fijar límites donde vamos a encontrar la causa de muchas cosas que de otro modo permanecerían inexplicables. Una de las notas de la vida de Jesús fue la alegría. Era un hombre familiarizado con el dolor y, sin embargo, su alegría no tenía medida. Era una de las cosas de las que tenía tanto que podía legarla a sus discípulos. ¿Habría sido feliz si no hubiera caminado dentro de límites estrechos? ¿Qué periodo de la vida de uno es tan desdichado como el que transcurre en los últimos años de la adolescencia o los primeros de la veintena, en el que no sabe lo que va a hacer? El vasto mundo se despliega ante él con incontables posibilidades, y el joven lleno de vigor y ambición, capaz de hacer cien cosas diferentes, es desdichado. Hay cien puertas que puede abrir, pero no sabe cuál intentar. Hay cien campos en los que puede gastar sus fuerzas, pero no puede decidir en cuál entrar. Hay cien en los que se siente seguro de poder conducir a la victoria, pero no puede decidir cuál es el más digno de su liderazgo. Y de todos los mortales, un joven así es el más desdichado. Nadie puede ser feliz teniendo un mundo entero por recorrer.

Un solo enfoque

Es solo cuando uno escoge alguna pequeña esfera en particular y dice: "Dentro de esto me propongo trabajar", cuando comienza la verdadera vida y su corazón aprende el arte del canto. Mientras el trabajo del mundo yace en una masa montañosa, solo hay depresión y desesperanza; es cuando uno coge en su mano una tarea definida y diminuta y dice: "Esto es a lo que dedicaré mi vida", cuando las sombras se desvanecen y la vida se convierte en algo digno de ser vivido. Es el camino estrecho que conduce a la vida.

El trabajo de Jesús estaba definido. A los doce años conocía el negocio al que debía dedicarse. Nunca hubo un día en el que se dejara arrastrar a hacer otra cosa. Justo aquí es donde somos propensos a equivocarnos, y es en este punto donde debemos buscar la causa raíz de gran parte de la desazón de nuestras almas. Empezamos a hacer un determinado trabajo e inmediatamente la gente empieza a decir: "¿Por qué no haces esto?". "¡Ven y haz esto!" y antes de que seamos conscientes de nuestra insensatez, hemos disipado nuestra energía intentando hacer cosas que Dios nunca quiso que intentáramos. Es aquí donde nos equivocamos en nuestros actos de benevolencias. Intentamos dar a muchas causas, y el resultado es que tenemos poca alegría en nuestro dar. No es deber de nadie contribuir a toda buena causa que se cruza en su camino, y solo cuando trazamos un círculo alrededor de nuestra benevolencia, nos convertimos en lo que a Dios le gusta ver: un dador alegre. Si quieres ver a alguien que canta en su trabajo, búscalo dentro de un círculo estrecho.

El poder de enfocarse

Jesús no solo era alegre, sino también poderoso. Causó un impacto porque se quedaba en un lugar y golpeaba en el mismo clavo hasta que se clavara por completo. Si hubiera deambulado por el mundo diciendo sus parábolas, habrían caído en más oídos, pero habrían moldeado menos corazones. Al quedarse en Palestina y mantener su corazón cerca de unos pocos corazones escogidos, se hizo cada vez más influyente, de modo que las autoridades se asustaron, temiendo que pudiera derrocar a la nación. Los hombres más cercanos a él se enamoraron tan apasionadamente de él que estaban dispuestos a morir por él. Se hizo así poderoso limitándose a sí mismo. Ocurre con los humanos como con los ríos: un río se convierte en río solo con la ayuda de sus orillas. La diferencia entre un río y un pantano es que un río tiene orillas y un pantano no las tiene. Del mismo modo, es cuando nuestra vida, por alguna pena o calamidad o nuevas responsabilidades, se ve comprimida dentro de un cauce más estrecho, cuando adquiere una riqueza interior y gana una significatividad que no tenía antes.

Limitándose, nuestro Señor salió vencedor. Tuvo éxito. ¿Qué es tener éxito? Es hacer aquello para lo que fuimos creados. La más amarga de todas las experiencias es el fracaso en hacer aquello que más vale la pena. Jesús solo intentó hacer una cosa, y fue realizar la que su Padre le había encomendado. Al final de su vida pudo mirar al rostro de su Padre y decir: "He terminado la obra que me encomendaste". ¡Ya era hora de que el Padre glorificara al Hijo! La vida de Jesús en la tierra abarcó solo treinta y tres breves años y, sin embargo, realizó la obra más grande jamás realizada en la tierra. Es maravilloso lo que se puede lograr en poco tiempo si uno está solo dispuesto a no rendirse.

"Sígueme"

Hemos estado tocando un gran principio, el principio que está en la base de todas las bellas artes. Las artes que se denominan "finas" llegan a serlo por la estrechez de los límites que imponen. Todas ellas someten al alma a una disciplina severa e insisten en una esclavitud que no pueden romper. En la música no se deja ningún margen de maniobra al cantante. No puede cantar un poco agudo o poco bemol y seguir produciendo música. En la música todo es preciso, exacto, riguroso, y todos los tonos deben tomar con exactitud los puntos precisos que les asigna el maestro; de lo contrario, la música no tiene en ella ese poder indescriptible que eleva y cautiva al alma. El artista no puede mojar su pincel a su antojo en este o aquel color, sin importarle cuánto de esto o de aquello esparce sobre el lienzo. Está sujeto a leyes que no puede violar ni siquiera un poco sin estropear el cuadro. Es el estrecho camino por el que los artistas deben caminar siempre.

Pero la más difícil de todas las bellas artes es el supremo arte de vivir como Dios querría que viviera un mortal. Cantar es fácil, y también lo es pintar comparado con este arte de vivir tan exigente y agotador para el alma. Uno no puede pensar lo que le plazca, ni sentir lo que quiera, ni actuar como le parece. Debe caminar por la senda estrecha. Jesús la recorrió y llama a todo el mundo a convertirse en sus seguidores. Es riguroso en sus demandas. Es inexorable en sus mandatos. Es claro y firme en las limitaciones que impone. Dice: "¡Vengan a mí!". Le preguntamos: "¿No podemos ir donde otros?". Su respuesta es: "No hay otros. ¡Vengan a mí!". Y cuando vamos, nos dice: "¡Síganme!". Dudamos y preguntamos: "¿Es esto realmente necesario? ¡¿No podemos elegir un camino más fácil?!". Su respuesta es: "¡Síganme!". "Si no tomas tu cruz y sigues, no puedes ser mi discípulo, y nadie viene al Padre sino en mí". Él dice: "Permanezcan en mí", y nosotros objetamos y nos preguntamos si después de todo es necesario encerrarnos en lo que parece ser una esfera tan estrecha y limitada. Pero él, con ese tono extraño, definido y convincente que hace mucho tiempo conmovió los corazones de la gente en Galilea, nos dice, en esencia: "¡En verdad, digo que, si no permanecen en mí, no tendrán vida alguna en ustedes!".

Esta es, pues, la estrechez de Jesús. Él es estrecho por un propósito. Se limitó a sí mismo, se despojó de su gloria divina, se presentó en condición de hombre, caminó por el estrecho sendero que conducía de la carpintería al Gólgota, todo por su gran amor por nosotros, y para que cada uno de nosotros tenga vida y la tenga en abundancia.

6

LA AMPLITUD DE JESÚS

Hay un sentido en el que a Jesús de Nazaret le faltaba amplitud. Aparentemente no tenía deseos de ver el mundo y se contentaba con pasar su vida en la pequeña Palestina. Caminó por una senda estrecha y se negó a dar su aprobación a los hombres y a las medidas que gozaban de la estima y la alabanza de miles de sus compatriotas. Pero había un propósito en esta estrechez y una razón para ella. Su estrechez fue producto de su amplitud.

Caminó por la senda estrecha porque llevaba en su corazón el sueño de un imperio inmenso. Permaneciendo en un solo lugar y tocando repetidamente las cuerdas del mismo grupo de corazones, nacieron vibraciones que han llenado el mundo de música. Al mantener con esmero el fuego que había encendido, lo calentó lo suficiente como para cambiar el clima espiritual de muchas tierras. Al saturar con su espíritu a un pequeño círculo de seguidores selectos, los hizo capaces de llevar sobre sus hombros una raza perdida hacia Dios.

Al transitar con perseverancia un único camino, ha hecho que ese camino sea tan luminoso que todos los ojos puedan verlo: Al desechar las ideas falsas y al oponerse a los malvados, ha allanado el camino para que los buscadores de la verdad y los soldados de Dios en cada generación sucesiva puedan librar un buen combate y ganar la corona. Siendo fiel en pocas cosas, se ganó el puesto de Señor sobre muchas ciudades; y autolimitándose, despojándose de toda reputación, fundó un reino tan amplio como la humanidad misma y del que no habrá fin. Si estudias el Nuevo Testamento, verás que este hombre, desde el principio, llevaba al mundo en su mirada y a la humanidad en su corazón. Qué extrañas paradojas se encuentran en el reino del alma. Si quieres ser amplio, sé estrecho. Jesús era estrecho porque su amplitud era inconmensurable.

La amplitud trae conflicto

Fue la amplitud de ideas y simpatías de Jesús lo que primero le puso en conflicto con sus compatriotas. Los judíos, como pueblo, según la creencia común eran de mente estrecha e intolerantes. Dividían el mundo en dos partes y colocaban un abismo casi infranqueable entre ellos y todas las demás razas. Dentro de Palestina la gente estaba dividida en clases por líneas rectas e inmutables. Los corazones fueron estrechos y los sentimientos amargos y duros. Samaria se consideraba maldita, y los hombres de Galilea que se dirigían a Jerusalén cruzaban el Jordán para que sus pies no se contaminaran al pisar el suelo samaritano. Los judíos eran una raza exclusiva, altiva y aristocrática, que constantemente daba gracias a Dios por ser superior a todas las demás naciones.

Pero el espíritu de Jesús era diferente. En su primer sermón en Nazaret, llamó la atención sobre el hecho de que, en los días de Elías, Dios había escogido a una viuda fuera de la tierra prometida para darle una consideración y un honor especiales, y que, en los días de Eliseo, aunque había muchos leprosos en Israel, Dios había pasado por encima de ellos y había curado a un leproso gentil, Naamán el sirio. Todo estaba escrito en sus Escrituras, pero la buena gente de Nazaret, como mucha otra buena gente desde sus días, no prestó atención a muchas cosas escritas en sus propias Escrituras. Y cuando Jesús empezó a elogiar a la viuda de Sidón y el rey sirio, se les encendió tanto el corazón que disolvieron la reunión e intentaron arrojar de un monte al predicador. Este es realmente el comienzo del conflicto de Jesús con el mundo. Los aldeanos de cabeza estrecha de Nazaret fueron llevados al borde del asesinato por la amplitud de una mente que iba más allá de ellos.

Suficientemente amplio para todas las épocas

La amplitud de las ideas de Jesús se pone de manifiesto por su frescura perenne y su aplicabilidad a todo tipo de personas y condiciones. Qué maravilloso es que las ideas de Jesús sean lo suficientemente amplias como para abarcar todas las naciones y todos los siglos. Muchas ideas se marchitan y dejan de ser relevantes con el paso del tiempo. Las ideas políticas tienen una extraña moda de desaparecer, y lo mismo ocurre con las ideas científicas. Un siglo no tiene interés en las enseñanzas políticas del siglo que le precedió, y ninguna generación está dispuesta a aceptar la ciencia de la generación que le precedió. Pero las ideas de Jesús tienen tal amplitud que pueden abarcar el mundo y las épocas. Aunque veinte siglos han barrido con casi todo lo que se creía y enseñaba en tiempos de Jesús, sus ideas siguen vivas, y las mismas palabras en las que se expresan están destinadas a sobrevivir a las estrellas.

Esto es realmente extraño, que nosotros, gente del siglo XXI, formemos parte de la congregación de Nazaret, escuchando las mismas ideas que interesaban a los judíos hace casi dos mil años. Tan amplias son estas ideas y tan universalmente aplicables a las exigencias de la mente y a las necesidades del corazón que cada generación sucesiva hasta el fin de los tiempos ocupará su lugar en la congregación del profeta de Nazaret. Si pudiéramos ver toda la historia desplegada antes de él, descubriríamos a los incontables millones de la humanidad reunidos en torno a un único maestro, nada menos que el maestro a quien el pueblo de Nazaret intentó matar. Amplias, en efecto, deben ser las ideas que pueden abarcar a todos los pueblos y razas y lenguas a lo largo de todas las épocas de su existencia.

Y su corazón llegaba tan lejos como su mente. La empatía social de Jesús fue, para sus compatriotas, una sorpresa y un escándalo. Compartía el sentir de todo el mundo. Parecía ignorar las convenciones sociales y la etiqueta de la gente bien educada. Su corazón se dirigía a todo tipo y condición de personas de un modo temerario y chocante.

Había hombres en Palestina que eran objeto de la desaprobación de la opinión pública. Todos los que pensaban correctamente los despreciaban. Se les trataba como a los perros de la calle. Tenían sentimientos, pero nadie sentía con ellos. Todas las puertas de la sociedad les eran cerradas en las narices. A estos hombres se les conocía como publicanos (cobradores de impuestos). El corazón de Jesús se compadeció de estos hombres. Habló con ellos, comió con ellos. No contento con esto, llevó a uno de ellos al círculo íntimo de sus amigos y le pidió que saliera a enseñar y a trabajar en su nombre. Incluso en Jericó, la de mentalidad más estrecha de todas las ciudades de Judea porque durante siglos había sido el hogar de los sacerdotes, este profeta de gran corazón cenó con uno de los más notorios de todos los publicanos, ante la consternación de la mejor gente del lugar. Y no contento con mostrar la amplitud de su empatía a través de sus acciones, pintó un cuadro registrado en las Escrituras cuyos colores nunca se desvanecerán, y ningún ladrón podrá destruir jamás. Es el cuadro titulado "El fariseo y el publicano", que muestra que el corazón de Dios es más sensible a un publicano arrepentido que a un fariseo vanidoso.

Solo había un grupo de personas más bajas que los publicanos, y eran los samaritanos. La mano de todos estaba contra ellos. Todo corazón se mostraba duro como una piedra hacia ellos. Y Jesús se hizo amigo de ellos. Se compenetró con ellos. Dio instrucción religiosa incluso a una mujer samaritana y curó incluso a un leproso samaritano. Tan amplio era su corazón que había sitio en él para un marginado samaritano cuya carne estaba podrida. Y, como si estuviera decidido a que todo el mundo hasta el final de los tiempos debería conocer la amplitud de su compasión, pintó un cuadro que las personas mirarán mientras tengan ojos para ver y corazones para sentir, y el nombre del cuadro es "El buen samaritano".

¡Qué estragos hizo este hombre con las tradiciones y costumbres de sus compatriotas! La tierra estaba atravesada en todas direcciones por muros divisorios y barreras alienantes, construidos por maestros de corazón estrecho, y después de que Jesús hubiera caminado por la tierra, mira, ¡las barreras y los muros eran una masa de ruinas! Su gran corazón amoroso hizo añicos todas las regulaciones y restricciones. En su alma había sitio para todos.

> **Al mantener con esmero el fuego que había encendido, lo calentó lo suficiente como para cambiar el clima espiritual de muchas tierras.**

Amaba lo suficiente para perdonar

En la amplitud de su amor se encuentra lo más para maravillarse. Su amor no tenía límites. Era un océano sin orillas. No estaba dispuesto a que sus seguidores pusieran límites a su amor, porque todas esas barreras eran contrarias a su costumbre y ajenas a su espíritu. Cuando Pedro le preguntó cuántas veces debe alguien perdonar a otro que le ha ofendido, y sugirió siete como un número casi grotescamente grande, siendo más del doble del número sugerido por el más liberal de los rabinos, Jesús [en esencia] dijo: "No pongan límites en absoluto. No hay límites en el reino del amor. No se puede calcular en el imperio del corazón. Las matemáticas son ajenas al afecto".

Siempre que hablaba del amor, decía algo que asombraba a sus oyentes. Un día dijo: "Amen a sus enemigos, bendigan a los que los maldicen, hagan bien a los que los odian, y oren por quienes los persiguen" (Mateo 5:44 RVC), y cuando los hombres se quedaron atónitos, mostrando con sus caras que solo de Dios se podía esperar un amor tan amplio, Jesús continuó añadiendo que Dios debe ser el modelo de todos que quieran vivir correctamente y que su objetivo constante debía ser llevar sus vidas al estilo de Dios e imitarlo en el alcance ilimitado de su buena voluntad. Tampoco se trataba de una simple exhortación; no era solo predicación, sino acciones concretas. Jesús enseñó a perdonar porque conocía la bendición de un corazón que perdona. Él perdonaba siempre. No tenía rencores, ni represalias, ni venganzas. Jesús veía lo repugnante del vicio, conocía lo odioso de la vulgaridad, sentía lo horrendo del pecado. Su corazón era tan sensible que ardía contra el mal, pero, aunque aborrecía el pecado, podía amar al pecador; y así, cuando sus verdugos clavaron sus manos y sus pies en la cruz, la única palabra que escapó sus labios fue: "Perdona", "Perdona", "Perdona". Esa inmensa palabra contenía la sangre de su corazón.

Esperanza sin trabas

Es este amor desbordante el que explica los alcances inconmensurables de su esperanza. Era el más esperanzador de todos los maestros. No importaba lo torpe que fuera el alumno, él seguía creyendo que aprendería. La gente se había vuelto cínica y pesimista en Palestina hace veinte siglos. Había perdido la confianza en la humanidad y había llegado a la convicción de que, para muchos mortales, no podemos esperar más que la condenación.

Para los maestros religiosos de Palestina, ciertas clases estaban más allá de la redención. Se sabía en toda la ciudad que a ciertos pecadores no se les podía dirigir ninguna exhortación, no se les podía ofrecer ninguna promesa. La iglesia judía dio completamente la espalda a tales personas y limitó a los que podían salvarse. Pero Jesús, porque amaba, también esperaba. Su esperanza era tan inconmensurable como su amor. No rechazó a los desechados de la sociedad. Vio promesas incluso en la escoria. Los más marginados de la sociedad no deben ser descartados a la ligera. Hay una oportunidad para el que se supone que no la tiene, y hay esperanza para aquellos a los que la gente ha condenado a la destrucción.

No se puede saber lo que hay en una persona por lo que dice, ni siquiera por lo hace. Hay más en ella de lo que se desprende de sus palabras y sus acciones. Y así, Jesús procedió a demostrar que los llamados perdidos no lo estaban y que, incluso en Samaria, los campos estaban blancos para la cosecha. No dudó en dirigir sus más serias exhortaciones a los que se suponía no tenían corazón, e incluso cuando la crueldad del mundo le atravesaba como una cuchilla de acero, dijo: "Yo, cuando sea levantado de la tierra, atraeré a todos a mí mismo" (Juan 12:32). Tan ilimitada era su confianza en la humanidad que no puso límites a sus expectativas.

El método de Jesús

Si fueras a formar una organización con el propósito de llevar a cabo tus ideas después de tu muerte, ¿qué tipo de personas seleccionaría? Sospecharía que elegirías a personas como tú, de tu propio círculo social, de tu propio tipo de mentalidad, de tu propio temperamento y constitución general, y al hacerlo, tendrías una sociedad que no llegaría a nada. Fíjate en el método de Jesús.

Elige a hombres de todos los niveles y de todas las clases. Ningún hombre del grupo es como ninguno de sus compañeros, y ninguno de ellos es como Jesús. Hay un hombre voluble, Pedro; y hay un flemático, Tomás. Hay un tragafuego, Simón el zelote, miembro del partido político más fogoso de Palestina; y hay el común y pausado Felipe. Hay un hombre de buena familia e intachable, Juan; y a su lado está un hombre de nombre desacreditado, Mateo, el publicano. Todos los temperamentos están aquí, y todas las combinaciones de facultades mentales; y aquí hay representantes de varias clases y estratos sociales diferentes. Para hacer una obra amplia, hay que contar con un instrumento amplio, y la iglesia cristiana, al salir de las manos de Jesús, abrazó en su membresía a los tipos de personas que serían capaces de abrir todas las puertas.

Nunca la amplitud de la mente de Jesús sale a relucir con más asombrosa claridad que en la forma de sus elecciones para la formación de la sociedad que había de llevar su nombre y continuar su obra. Era una grandiosa tarea, la más ambiciosa que jamás haya entrado en el corazón de la humanidad. Tenía constantemente ante sus ojos los confines de la tierra. La estrechez de miras de los mezquinos hombres que administraban los asuntos de la iglesia judía le angustiaba. Jesús dijo que "muchos vendrán del oriente y del occidente, y participarán en el banquete con Abraham, Isaac y Jacob en el reino de los cielos" (Mateo 8:11).

En una etapa temprana, dijo a sus apóstoles que no salieran de los límites de su propio pueblo en su trabajo, pero esta limitación de campo era solo educativa y, con su creciente fuerza, iba a desaparecer para siempre. Los hombres debían permanecer en Jerusalén el tiempo suficiente para asegurarse la fuerza suficiente para enfrentarse a los problemas de Judea; y debían permanecer en Judea hasta que fueran capaces de enfrentarse a las condiciones más difíciles de Samaria; y debían trabajar en Samaria hasta que hubieran adquirido la resistencia que les permitiría viajar hasta rincones más lejanos de la tierra.

En las primeras etapas, un maestro no comunica al estudiante sus planes para los años que le esperan. Jesús no habló a sus apóstoles sobre el mundo y las edades el día de su bautismo, ni siquiera en el aposento alto, sino que justo antes de abandonar la tierra, les vertió al oído el gran mensaje que había estado en su corazón desde el principio, y que se difundió así: "Anuncien las buenas noticias a toda criatura". Todas las fronteras nacionales quedan ahora borradas, y el horizonte lanzado en torno a los apóstoles no es menos estrecho que el gran círculo del mundo. "Hagan discípulos de todas las naciones". En esta manera les habló antes de que la nube le arrebatara de su vista, y siempre que, desde aquel día hasta hoy, los seguidores de Jesús han estado más cerca de él, se les ha encontrado soñando con conquistas tan amplias como el mundo.

Quienquiera que seas, y dondequiera que estés, y sea lo que seas, estás incluido en sus planes [de discipular a las naciones]. Cuando él trazó las líneas de su gran proyecto para la humanidad, no fuiste ignorado ni olvidado. Cuando él estableció su iglesia, se te asignó un lugar dentro de ella. Ese lugar permanecerá vacante hasta que lo llenes. No puedes escapar de él. Sus brazos lo abarcan todo. La anchura de su corazón es infinita. Su amor es eterno.

7

"Él confía en Dios".
MATTHEW 27:43

LA CONFIANZA DE JESÚS EN DIOS

Intentamos ver a Jesús tal y como era. Es sorprendente que no le conozcamos mejor cuando su imagen se retrata tan vívidamente en los Evangelios. La propia familiaridad del relato tiene un efecto adormecedor sobre la mente. Hemos oído hablar tanto de Jesús desde los días de la infancia, hemos escuchado a tantos maestros y predicadores hablar de él, que la mente se ha endurecido y se niega a dejarse impresionar por él.

Muchos de nosotros hemos tenido métodos defectuosos de estudio de la Biblia. La hemos estudiado por partes, poco a poco, en fragmentos y pedazos, obteniendo un conocimiento de pasajes aislados y nunca juntando las diversas partes para ver a Jesús como un hombre entre los hombres. Hemos captado, tal vez, un rasgo de su encantador carácter; hemos fijado nuestra mirada en una estrella brillante en particular, y nos hemos perdido el recorrido y el vaivén de las constelaciones; hemos recogido una piedrita de vez en cuando y no hemos captado la curva de la inmensa orilla, el oleaje y el rugir del mar. Nuestro objetivo en todos estos estudios es verlo como lo vieron los hombres de su tiempo.

Ya hemos encontrado en él la nota de la fuerza y la nota de la alegría, y ahora profundicemos un poco más y averigüemos, si podemos, el manantial del que brotan la fuerza y la alegría. ¿Cómo ocurrió que este hombre dominara con tanta maestría cada situación? ¿y cómo así es que estaba alegre en medio de tantas sombras? La respuesta a la pregunta yace escrita a lo ancho en todas las páginas del Nuevo Testamento.

Del principio al fin

La fuerza y la alegría de Jesús provenían de su confianza inquebrantable en Dios. Si me preguntaran qué es lo más profundo y fundamental en el carácter de Jesús, diría que era su confianza en Dios. No veo cómo alguien puede leer el Nuevo Testamento sin sentir que este es para él el Alfa y la Omega, el primero y el último. Era el cielo sobre su cabeza, la tierra bajo sus pies, la atmósfera que respiraba a diario, el espíritu del que estaba impregnado, la música que recorría toda su conversación, la inspiración de toda su vida.

Posiblemente no se pueda encontrar mejor testimonio sobre este punto en todas las Escrituras que el tomado de los labios de sus peores enemigos. Ya hemos comprobado que estos enemigos de Jesús resultan testigos valiosos, y no nos defraudarán aquí. Cuando agonizaba en la cruz, mucha gente se reía de él y meneaba la cabeza, diciendo cosas burlonas y rencorosas. Entre esta gente, por extraño que parezca, había miembros del Sanedrín, sumos sacerdotes, escribas y dirigentes; todos ellos lo ridiculizaron y lo despreciaron, y el clímax de sus insultos fue este: "Él confía en Dios" (Mateo 27:43). Jamás se profirió burla más horrible desde las fauces del infierno que esa. Es increíble que los seres humanos puedan ser tan diabólicos como para mofarse de un hombre en la hora de la muerte, pero eso es lo que hicieron los líderes religiosos de Palestina cuando el Profeta de Galilea agonizaba. La oscura y terrible sentencia arroja un resplandor de luz sobre la enseñanza y la conducta de Jesús. Todo su proceder causaba en la gente entre la que se movía la impresión de que confiaba en Dios.

Si me pidieras ejemplos de esta confianza, me sentiría avergonzado, no porque haya tan pocos, sino porque hay tantos. Uno puede sumergirse en los Evangelios donde quiera y encontrar cosas que dan testimonio de la confianza de Jesús en Dios. Cuando solo era un niño dijo a sus padres: "¿Por qué me buscaban? ¿Acaso no sabían que me era necesario estar en la casa de mi Padre?" (Lucas 2:49 NBLA). Sus últimas palabras en la cruz fueron: "¡Padre, en tus manos encomiendo mi espíritu!" (Lucas 23:46). Desde ese primer punto hasta el último, la melodía de su confianza nunca se rompió.

Oración sin cesar

Jesús es en todas partes y siempre un hombre de oración. En las crisis de su vida le encontramos orando. En su bautismo y en la transfiguración, en el Huerto y en la cruz, está derramando su alma a Dios. Antes de cada acción importante, en medio de cada situación difícil, al término de cada etapa de trabajo, lo encontramos orando. Era algo común en Palestina que los hombres oraran, pero nunca nadie había orado como este hombre, con tanta sencillez, con tanto fervor, con una confianza tan ilimitada.

Los hombres se reunieron a su alrededor asombrados y le dijeron: "Señor, enséñanos a orar". A todos los niños hebreos se les enseñaba a orar desde la más tierna infancia. La oración era un rasgo indispensable de la piedad hebrea, pero los que habían orado desde su más tierna juventud sintieron, al oír orar a este hombre, que nunca habían orado en absoluto. La palabra que aplicaba a Dios era "Padre". Solo ocasionalmente en el largo transcurso de los años, un alma aquí y allá se había aventurado a aplicar a la deidad un nombre tan familiar y dulce, pero Jesús de Nazaret siempre piensa y habla de Dios como Padre. Lo nombra así en sus propias oraciones, y dice a los demás que también pueden usar este nombre. Confiar en la bondad y misericordia del Padre bueno era su propio deleite más intenso y pleno; inducir a otros a confiar también en él era su constante ambición y empeño.

Nuestros problemas para confiar

Cuánto tiene que enseñarnos Jesús en este punto. Con frecuencia se supone que es fácil creer en Dios. El hecho es que nada es más difícil de hacer en determinados momentos y circunstancias. Es fácil, en efecto, decir que uno confía en Dios, pero hacerlo realmente cuando la justicia parece muerta y el amor parece haberse desvanecido, eso sí que es difícil. ¿Quién puede estudiar la naturaleza sin encontrar en ella cosas que hacen difícil creer en el Padre bueno? ¿Acaso la naturaleza no parece cruel? ¿Parece tener corazón? ¿Acaso los incendios no queman y las aguas no ahogan y los volcanes no cubren ciudades sin piedad? ¿No lleva a cabo la naturaleza sus vastas actividades con absoluta indiferencia hacia los deseos o el bienestar de los seres humanos? Todos los grandes pensadores que han contemplado el rostro de la naturaleza han quedado horrorizados por su crueldad e insensibilidad.

Jesús de Nazaret encontró en la naturaleza nuevas evidencias del amor de Dios. Otros, observando cómo la luz del sol cae sobre las cabezas de los buenos y los malos, llegan a la conclusión de que Dios no sabe, a Dios no le importa. Mientras que Jesús, observando el mismo fenómeno, ve en él nuevas pruebas del gran corazón del Padre bueno.

> **Si me preguntaran qué es lo más profundo y fundamental en el carácter de Jesús, diría que era su confianza en Dios.**

La lluvia cae sobre la granja del hombre que blasfema y también sobre la granja del hombre que sirve a Dios, no porque Dios sea indiferente a la diferencia de carácter, sino porque es tan bueno que su misericordia cubre a todos sus hijos. Al igual que el padre terrenal permite al hijo desobediente sentarse a la mesa con sus obedientes hermanos, así es el buen Dios que alimenta a los buenos y a los malos, a los justos y a los injustos, sin mostrar resentimiento, esperando aún que todo corazón se rinda. Para Jesús, la naturaleza es un gran testigo, revestido de luz, dando testimonio continuo de la amplitud de la misericordia eterna.

Pero si la naturaleza parece indiferente y cruel, ¿qué diremos de la historia, el escenario en el que se ha desarrollado la tragedia de la vida humana? ¡Qué enredo de misterios! ¡Qué montón de desgracias!

¡Todos los siglos gimiendo de agonía, todas las edades chorreando sangre! ¿Quién puede contemplar los sufrimientos de los inocentes, u oír los gritos de los oprimidos, o presenciar la matanza de los puros y los buenos sin preguntarse: ¿Lo sabe Dios? ¿Le importa a Dios? El bien para siempre en el cadalso, el mal para siempre en el trono: así le parece a los que leen la historia. El vicio triunfa sobre la virtud, la deshonestidad pisotea la honestidad, la injusticia se adueña de la justicia, el odio desafía y vence al amor. Esto sucede no una sino diez mil veces. Algunos leen la tenebrosas y terrible historia y renuncian a su fe en Dios.

Jesús contempla la misma escena y le da una interpretación diferente. Ve a personas buenas que vienen y ofrecen sus servicios al mundo solo para ser rechazadas y repelidas. Uno de ellos es apedreado; uno, apaleado; otro, asesinado. Sus cadáveres se amontonan en montones nauseabundos, pero para Jesús esto no es una prueba de la indiferencia de Dios; es la prueba de su paciencia longánime; es porque no está dispuesto a que ninguno se pierda que continúa, siglo tras siglo, enviando al mundo profetas y apóstoles, héroes y santos, que proclamarán el mensaje del cielo a la humanidad confundida y pecadora.

Confiar a través de las pruebas

Pero si los procesos de la naturaleza y los cursos de la historia hacen la guerra a la confianza de uno en Dios, mucho más terrible es el conflicto que con frecuencia se ve obligado a enfrentar uno mismo por su propia experiencia personal. Muchos han confiado durante años en Dios solo para descubrir cuando llega la mala fortuna que su confianza no era lo bastante fuerte para soportar la conmoción. Las mejores y más fuertes personas, cuando se ven sorprendidas por la desgracia, se ven obligadas a reajustar su fe. Durante un tiempo se quedan estupefactas y aturdidas, sin apenas saber hacia dónde dirigirse ni qué pensar.

Muchas cosas conspiran para borrar la confianza en Dios. La

decepción puede hacerlo; el sueño más anhelado de uno puede quedar en nada; su ambición principal puede fracasar. Una decepción tras otra viene sobre una persona hasta que se hunde, vencida y sin esperanza, con su antorcha apagada. La persecución puede quebrantar la fe de uno en Dios; la inhumanidad de los demás puede agriar los jugos del corazón; los malentendidos y las tergiversaciones de las personas, su hostilidad y su falta de fe, su desprecio y su desdén, pueden hacer casi imposible creer que Dios gobierna el mundo.

A otros les vence el fracaso. Para ellos nada es tan dulce como el éxito. Para ganar el éxito dan lo mejor de sus años y todas sus fuerzas, pero, a pesar de todo lo que pueden hacer, el éxito no llega. Al final del día se confiesan derrotados. En la amargura de su derrota gritan: "¿Dónde está Dios?".

Confianza impecable

Jesús de Nazaret tuvo todas las experiencias oscuras que es posible que tenga el alma. Tenía un trabajo que hacer al que entregó toda la energía de su cerebro y de su corazón. Tuvo un sueño que le llenó de entusiasmo; tenía un mensaje que comunicar que estaba seguro ahuyentaría la oscuridad y el infortunio del mundo. Fue a Jerusalén para anunciarlo; allí le cerraron la puerta en las narices. Lo anunció en las sinagogas de Galilea, pero la gente de allí no quiso recibirlo. Luego lo predicó en las esquinas de las calles de una gran ciudad, pero las multitudes se derritieron como la nieve en junio. Al final, solo quedaron doce hombres a su lado, y los corazones de estos eran tan cambiantes que les dijo: "También ustedes quieren marcharse?" (Juan 6:67). A estos hombres se entregó con apasionada devoción, derramando en sus almas su vida. Pero el más audaz de ellos resultó ser un cobarde, uno de aquellos en los que más confiaba se convirtió en un traidor, y cuando llegó la crisis de su vida, todos le abandonaron y huyeron.

Pero a pesar de su decepción, su confianza en Dios era inquebrantable. En medio de la tempestad, su antorcha siguió ardiendo, y gritó: "¡Anímense! Yo he vencido al mundo" (Juan 16:33). Fue calumniado, maltratado, denunciado. Fue acusado de blasfemia y de traición, pero su corazón permaneció dulce. Los hombres le abofetearon y le maltrataron, bufando contra él en su ingratitud y su odio, pero él dijo: "Acaso no he de beber el trago amargo que el Padre me da a beber?"

Nos detenemos en las cosas que han sucedido desde su muerte, y deteniéndonos en ellas, vemos que ha triunfado; pero nunca debe olvidarse que su vida el día de su muerte [parecía ser] un terrible y desgarrador fracaso. La injusticia era más fuerte que la justicia; la iniquidad era más poderosa que la rectitud; el odio era más fuerte que el amor. Había intentado persuadir al mundo a aceptar una hermosa verdad, pero el mundo lo desdeñó. En la hora de su gran derrota aún miraba a Dios diciendo: "No se cumpla mi voluntad, sino la tuya" (Lucas 22:42). La derrota misma no pudo amedrentarle ni hacerle retroceder. Dijo, en esencia: "Si es necesario que yo sea sacrificado, que sea pisoteado por quienes están sedientos de mi sangre, si esa es la voluntad del Padre infinito, entonces a eso me someto con gusto".

Nunca hubo un hombre como este. Otros hombres grandes y fuertes han vivido y trabajado, pero nunca un hombre como Jesús de Nazaret. En medio de la tormenta más salvaje que jamás haya tapado los cielos y hecho temblar la tierra, miró fijamente hacia Dios, diciendo: "No se cumpla mi voluntad, sino la tuya". Mira hacia abajo a través de los años y observa a los grandes hombres, cómo son mecidos y zarandeados por los vientos y las tormentas; pero allí por encima de ellos se eleva este hombre de Galilea como alguna montaña majestuosa.

8

"Ve primero y reconcíliate con tu hermano".

MATEO 5:24

LA FRATERNIDAD DE JESÚS

Hemos descubierto que el secreto de la alegría y la fuerza de Jesús residía en su confianza absoluta en Dios, y ahora deseo reflexionar con ustedes sobre otro rasgo para el que me resulta difícil encontrar un nombre satisfactorio.

Diría que es el amor de Jesús si no fuera porque la palabra "amor" es tan ambigua y se presta tanto a interpretaciones erróneas; diría que es el servicio de Jesús si no fuera por el hecho de que la palabra "servicio" es más bien fría y hace tiempo que está hecho jirones; diría la "piedad" de Jesús, pero la piedad es amor que mira hacia abajo, y eso no transmite toda la verdad; diría la bondad de Jesús, pero la palabra no lleva consigo la fuerza suficiente. Posiblemente no podamos hacer nada mejor que tomar la palabra "fraternidad", pues esta palabra contiene dos elementos, ambos esenciales si queremos comprender la clase de hombre que era. La fraternidad conlleva no solo un sentido de parentesco, sino también una disposición a prestar ayuda. Hay una relación, y también una disposición ayudar, y ambas mezcladas en una constituyen la cualidad a la que te invito prestes atención ahora.

Incluso sus críticos

Que este rasgo en Jesús causó una profunda impresión en sus contemporáneos queda demostrado no solo por lo que sus amigos han dicho de él, sino también por las críticas y burlas que suscitó entre sus enemigos. Una burla común de los escribas y fariseos hacia Jesús consistía en acusarlo de ser amigo de publicanos y pecadores, y cuando colgaba moribundo en la cruz, los principales hombres de la iglesia judía se reunieron a su alrededor diciendo con sorna: "Salvó a otros, ¡pero no puede salvarse a sí mismo!" (Marcos 15:31). Ambas acusaciones son tan diabólicas como cualquiera que pueda encontrarse en la literatura del mundo, pero son valiosas para nosotros en esto: Muestran de forma concluyente la impresión que este hombre de Galilea causó en la gente de su tiempo.

Durante toda su vida había tenido por costumbre ayudar a los demás. Había sido un hombre amistoso y fraternal, incluso con los miembros más viles y despreciados de la sociedad. Esa era una característica que había creado un gran escándalo y le había hecho odioso para muchas de las personas respetables de su época. El mismo rasgo se caracteriza en una famosa frase escrita por uno de sus amigos más queridos: "Anduvo haciendo el bien". ¿Qué elogio más hermoso se ha escrito jamás sobre un hombre que ese? En estas tres frases: "amigo de publicanos y de pecadores"; "Salvó a otros; no puede salvarse a sí mismo"; y "Anduvo haciendo el bien", obtenemos un testimonio elogioso del hecho de que Jesús tenía un corazón fraternal.

Analicemos la acusación de que era amigo de publicanos y pecadores y averigüemos qué significaba. La palabra "publicano" no significa nada para nosotros porque no tenemos una clase de hombres que se corresponda con los publicanos de Palestina. Eran los recaudadores de impuestos judíos para el gobierno romano. Eran los asalariados de grandes capitalistas en cuyas manos era necesario entregar una cierta suma de dinero cada año y, mediante la extorsión y otras medidas deshonestas, podían ganar otro tanto para sí mismos.

Para todo hebreo piadoso, estos hombres eran traidores a su país y, dondequiera que iban, eran objeto de aborrecimiento, odio y desprecio. Su dinero era dinero manchado; no sería aceptado en la sinagoga. Su juramento carecía absolutamente de valor. No podían ser testigos en ningún tribunal de justicia. Si alguien prometía hacer algo por un publicano bajo juramento, no estaba obligado a mantener su juramento. Ellos estaban expuestos al ojo público del escarnio y la censura, y acribillados con burlas por todos los transeúntes. Eran vistos como bestias salvajes con forma humana. Eran parias, vagabundos, peores que los malditos sin hogar que vagaban por las calles. Ninguna persona decente tendría nada que ver con ellos; ningún maestro religioso se interesaba por ellos. Eran simplemente el desecho y la escoria de la sociedad.

Pero incluso con estos, Jesús hizo amigos. No solo habló, sino que comió con ellos, ¡entró en sus casas y se sentó a la mesa con ellos! Una cosa es arrojar dinero a los marginados de manera mecánica como si arrojáramos zanahorias a los osos en una fosa; otra cosa es comer con ellos. Una cosa es hablar con desprecio a los malos, dándoles buenos consejos,

> **Andaban atados una y otra vez con leyes, como una momia egipcia con vendas de embalsamar, pero Jesús se entregó por completo a la tarea de liberarlos.**

muy distinta cosa de asociarse con ellos. Pero este hombre Jesús se sentó y comió con los publicanos; cruzó el abismo sobre el que nadie de su día o generación estaba dispuesto cruzar. Al hacer esto, perdió su reputación. En palabras de un apóstol, se despojó a sí mismo (Filipenses 2:7 NBLA); tomó su buen nombre, lo rasgó en jirones y lo tiró a la basura, todo porque estaba decidido a ser fraternal. Aunque estos hombres eran tan viles, él veía en ellos a sus hermanos. Le pertenecían y él les pertenecía a ellos. Eran miembros de la raza humana, hijos de la gran familia de Dios y, por lo tanto, a pesar de todo lo que habían hecho e independientemente de todo que eran, los trataba como hermanos.

Esta conducta no solo causó una profunda impresión en la gente de la época de Jesús, sino que ha causado una impresión tan profunda en todas las generaciones posteriores que nos ha hecho pasar por alto algo que nunca deberíamos olvidar: Jesús era hermano de todos.

También amaba a los ricos

Con frecuencia se ha concebido el cristianismo como una religión que se interesa sobre todo por los marginados de la sociedad, por los pobres, los enfermos y los desvalidos. Hay muchos que siempre piensan en Jesús como el amigo de los pobres, los enfermos y los malos, que nunca piensan en él como el hermano de los que son ricos, fuertes y buenos. Nunca debe olvidarse que Jesús era fraternal tanto con los buenos como con los malos, tanto con los ricos como con los pobres, tanto con los respetables como con los de mala reputación: hermano de todos. Si en el Nuevo Testamento se habla más de los pobres que de los ricos, es porque Jesús pudo acercarse más a los pobres que a los ricos. Los ricos son siempre inaccesibles. Aquí en Nueva York se puede entrar en las casas de los pobres en cualquier sitio, pero de las casas de ricos se tiene vetada la entrada. Los ricos siempre se rodean de barreras, de séquitos de sirvientes y, por lo tanto, no debe sorprendernos que en Palestina fuera necesario que este hombre de Galilea tratara en gran medida con los pobres.

Pero no hay que olvidar que fue tan amistoso con el rico Nicodemo como con la pobre mujer del pozo y que fue tan fraternal con el rico Zaqueo como lo fue con el pobre mendigo de Jerusalén. Tampoco le faltó interés fraternal por la gente respetable de su época. Si el Nuevo Testamento nos da la impresión de se interesaba más por los marginados y despreciados, es porque este interés por ellos era tan excepcional que causó mayor impacto en quienes escribieron la historia de su vida que cualquier otro rasgo de su conducta.

Los piadosos hebreos de Palestina estaban atados de pies y manos con las cuerdas de la tradición. Andaban atados una y otra vez con leyes, como una momia egipcia con vendas de embalsamar, pero Jesús se entregó por completo a la tarea de liberarlos. Las cuerdas estaban bien atadas, y él intentó desatar los nudos. Pero en su esfuerzo por dar emancipación a la gente, despertó animosidades y odios que condujeron rápidamente a su muerte. Fue en su esfuerzo por desatar los nudos cuando los hombres lo prendieron, gritando: "¡Crucifícalo!"

En todo se parece a sus hermanos

Fijémonos en algunos ejemplos de su fraternidad. Cuando Juan el Bautista bautizaba en el Jordán, Jesús bajó de Galilea para ser bautizado. Juan, cuando vio acercarse a Jesús, dijo, en esencia: "Oh, no, no puedo bautizarte, eres demasiado bueno. Yo soy el que necesito ser bautizado por ti. . Este bautismo está destinado a los pecadores. Por lo tanto, no te bautizaré". Pero Jesús no quiso escucharle; insistió en ser bautizado. Quería hacerse uno con sus hermanos. Dijo, en esencia: "Quiero ser contado entre los hombres, como uno más de ellos". No se trataba de si era bueno o no; se trataba de ser fraternal. Se negó a permanecer al margen de cualquier movimiento que prometiera el bien a su país. Se sometió a la misma acción de la que sus conciudadanos estaban necesitados. Ocupó su lugar al principio de su ministerio entre sus hermanos.

Enseñanzas radicales

Su fraternidad se manifiesta también en su enseñanza. No podía mirar a los rostros de las personas sin sentirse dolido por su confusión, su perplejidad y su miseria. No podía ver a las personas pasar al Día del Juicio sin decirles algo sobre el gran Dios en cuyo mundo vivían. Cuando veía a las multitudes, desamparadas y dispersas como ovejas sin pastor, su corazón se compadecía de ellos. Cuando miraba los rostros cansados de los campesinos galileos, su corazón clamó: "Vengan a mí todos ustedes que están cansados y agobiados; yo les daré descanso" (Mateo 11:28). Qué lamento hay en las palabras: "¡Jerusalén, Jerusalén!"

(Lucas 13:34). Hay en las palabras el gemido de dolor que proviene de un corazón fraternal. Y no solo era fraternal él mismo, sino que, para él, la fraternidad es la esencia misma de la religión. Sin fraternidad no puede haber religión que sea agradable a Dios.

La antigua ley había dicho que una persona no debía matar a otra, pero Jesús fue mucho más allá de los requisitos de esa ley. Dijo que insultar a alguien también era malvado y le llevaría al juicio. Usar adjetivos que traspasan y cortan, lanzar epítetos mezquinos llenos de altanería y desprecio, hablar de las personas de formas que los degradan... esto es maldad y traerá el castigo más severo.

Una de las más grandes de sus parábolas es la del hombre rico y Lázaro. Un hombre rico se alimenta suntuosamente todos los días, y a su portón yace un pobre mendigo enfermo, con el cuerpo cubierto de úlceras, sin ningún amigo que le traiga alivio. Solo los perros que merodean por las calles lamen las llagas del repugnante hombre. Jesús dice que cuando eso ocurre en este mundo, algo ocurre en otro. Casi se puede sentir el calor de su alma indignada. Puedes oírle a él preguntar: "¿Crees que una inhumanidad así quedará impune en el universo de Dios?". No fue porque el hombre rico se vistiera con finas vestiduras y comió suntuosamente cada día por lo que más tarde levantó los ojos atormentados. Abraham también era rico y comía suntuosamente cada día, pero Abraham fue al cielo porque tenía un corazón de hermano. Este hombre rico fue al infierno porque su corazón no era tierno; su compasión no se dirigía a la necesidad de un hermano.

Un hermano hasta el fin

¿Y cómo recibió Palestina esta fraternidad? No le gustó. Jesús era demasiado fraternal; ellos le malentendieron. Le malinterpretaron; difamaron; trazaron sus planes para matarlo; pero no podían convertirlo en algo diferente a su naturaleza fraternal . A pesar de toda su vileza y deseo de venganza, siguió ayudándoles todo lo que pudo, y cuando tramaron sus complots para matarlo, se adelantó valientemente prestando ayuda, diciendo: "Si no puedo ayudarles con mi vida, les ayudaré con mi muerte. Muriendo les convenceré de que quería hacerles bien. Yo, cuando sea levantado de la tierra, atraeré a todos a mí mismo. Cuando esté colgado en la cruz, me comprenderán como ahora no pueden comprenderme. Cuando me oigan orar por ellos con mi último aliento, se convencerán de que soy realmente su hermano".

9

¡Anímense!

JUAN 16:33

EL OPTIMISMO DE JESÚS

Por optimismo no me refiero a una jovialidad, ingenua, despreocupada y superficial que tan con frecuencia se autodenomina con este pretencioso nombre. Si insistes en definir a un optimista como una persona que únicamente se entretiene con los rayos de sol y que no puede oír más que armonías, y que solo se preocupa ligeramente por las agonías y tragedias del mundo debido a su fantasía de que, haga lo que haga él o cualquier otra persona, seguro que todo saldrá bien, entonces Jesús no era un optimista. Existe un optimismo sentimental que es irracional e inmoral. Es el producto de un cerebro superficial y un corazón estúpido. Cierra los ojos a todos los hechos horribles y tapa los oídos ante cualquier sonido horrible, e insiste en que, a pesar de las apariencias, todo va bien en el mundo. Este tipo de optimismo se enfrenta al futuro con una confianza nacida no del valor sino de la indolencia moral. Asume que hay en la naturaleza de las cosas una tendencia irresistible hacia arriba, y que independientemente de la conducta de cualquier persona o conjunto de personas, todo irá bien al final. No se encuentra ningún optimismo como este en el Nuevo Testamento.

Si tenemos nuestros optimistas superficiales, también tenemos pesimistas superficiales y miopes. Hay los que tienen un talento para ver las sombras. Sus oídos son agudos para las discordias. Estas personas escuchan los suspiros, sollozos y agonías del mundo hasta que la historia parece una horrible pesadilla y la existencia misma una maldición. Pero del risueño optimista y del pesimista histérico poco podemos esperar. No tienen nada que ofrecer para la solución de los grandes problemas mundiales.

Optimismo piadoso

Abramos nuestro Nuevo Testamento y escuchemos a un hombre que, en estos tiempos de confusión y distracción, puede darnos confianza y esperanza. Jesús de Nazaret no era un hombre capaz de cerrar los ojos ante el dolor y la angustia del mundo. Nunca hubo ojos más abiertos que los suyos. Él lo veía todo.

Vio cosas que el mundo había pasado desapercibidas. Veía el sufrimiento en todas sus formas: conmovía profundamente su corazón. Por debajo de la tragedia del sufrimiento vio la tragedia más oscura del pecado y reconoció como nadie el tremendo poder del mal. Veía con los ojos abiertos los caminos que conducen a la muerte. Sabía, como nadie lo ha sabido tan bien, que hay que resistir al mal, que hay que enfrentarse al pecado y luchar cuerpo a cuerpo contra él, que solo mediante la lucha, el sufrimiento y la muerte se puede obtener la victoria. Pero a pesar de todo, permaneció imperturbable. Vio ambos lados, el luminoso y el oscuro, y habiendo visto ambos lados, su rostro estaba iluminado. Cantaba y también sollozaba. A veces sus cantos se veían interrumpidos por sus sollozos, pero nunca se sintió abrumado. Nunca se rindió; siempre tenía la cabeza levantada, y su inquebrantable exhortación es: "¡Anímense!" (Juan 16:33).

Esta es la nota dominante del Nuevo Testamento. Surge del corazón de la peor tragedia que ha conocido nuestro mundo. ¡Qué libro tan triste y deprimente debe ser el Nuevo Testamento teniendo en cuenta la funesta historia que tiene que contar! Nos da la vida de alguien que era un hombre de dolores y familiarizado con la aflicción. Retrata sus sufrimientos a través de los años crueles y decepcionantes hasta su horrible muerte en la cruz. Y, sin embargo, a pesar de esta historia desgarradora, el Nuevo Testamento no nos deprime ni deja una sombra en el corazón. Es un libro lleno de júbilo y entusiasmo, y las palabras que más perduran en los oídos son: "¡Anímense! Yo he vencido al mundo" (Juan 16:33). El Nuevo Testamento es un evangelio, una noticia gloriosa, porque en su centro vive y trabaja el mayor optimista del mundo.

He aquí al optimista que hemos estado buscando. Este es el hombre que puede inspirar nuestra confianza y darnos esperanza. Necesitamos un hombre con los ojos abiertos, los oídos atentos y el corazón despierto, un hombre que vea las cosas como son y conozca cuan densa puede ser la noche. No podemos seguir a un líder que no deja de gritar: "Paz", cuando sabemos que no hay paz; ni podemos confiar en un maestro que afirma que todo va bien, cuando su afirmación es contradicha a diario por la experiencia del mundo. Concédenos a alguien que sienta la furia de la tormenta y que , al mismo tiempo, confíe en la calma que vendrá después. Jesús es el príncipe de los optimistas: su optimismo es el optimismo de Dios mismo.

Confianza inquebrantable

Intentemos encontrar el secreto del optimismo de Jesús. El secreto está escrito a lo largo de las páginas de los Evangelios. Era un secreto demasiado bueno para guardarlo: se lo dio a todo el que tuviera oídos para oír. Era una confianza inquebrantable en Dios. A veces estamos seguros de él. Nuestra fe está nublada y es intermitente. Sube y baja como las olas del mar. Jesús nunca dudó. Su visión no se nublaba. Su confianza era absoluta. Para él, Dios era un Padre siempre presente. Este era su nuevo nombre para Dios. Los profetas y poetas de Israel solo en contadas ocasiones se habían atrevido a imaginar a Dios como padre, y cuando lo hacían, era solo a través de una vaga suposición. Con

Jesús, Dios era siempre Padre. Este es el nombre que llevaba en los labios cuando era un niño de doce años; estaba en sus labios cuando pasó de este mundo al otro. Lo puso en boca de todos los que le siguieron. Le asombraba constantemente que las personas tuvieran tan poca fe en Dios. "Tengan fe en Dios" (Marcos 11:22): esta era la exhortación para vivir su vida y realizar su obra. Las palabras llegaron con el poder de una revelación, porque estaban calientes con la sangre de un corazón que conocía el secreto de la confianza perfecta.

Junto con una confianza inquebrantable en Dios, iba una confianza inalterable [en que las personas podían cambiar]. Vio las posibilidades y capacidades del corazón humano. Veía sus pequeñeces, fragilidades, vicios y pecados, pero por debajo de todo ello, veía un alma creada a imagen de Dios. Llamó a Simón, hijo de Jonás, roca, cuando Simón era considerado el hombre más voluble e impredecible de toda la

> **Fue porque los ojos de Jesús miraron el futuro que pudo permanecer en medio de los escombros de una humanidad en ruinas y decir: "¡Anímense!".**

ciudad. Jesús vio lo que había en lo más profundo de él. No solo tenía confianza en las personas que "iban a la iglesia", sino también en las que nunca iban. Tenía esperanza en los publicanos y en los pecadores. Sabía que Zaqueo podía arrepentirse y que Mateo podía convertirse en predicador. Creía que los hombres y las mujeres que han caído hasta el fondo pueden volver a subir. "Las prostitutas van delante de ustedes en el reino de Dios"; así se dirigió a una comitiva de pesimistas de corazón endurecido.

Ninguna experiencia pudo quebrantar esta confianza en las potencialidades divinas de la naturaleza humana. ¿Cuándo tuvo un hombre mayores motivos para abandonar la fe en las personas que este optimista de Galilea? Vivió en una época corrupta y desmoralizadora. El gobierno era tiránico y estaba podrido; sus funcionarios eran, en su mayoría, cínicos y estafadores. La iglesia judía era formal, sin vida e hipócrita. Sus líderes, muchos de ellos, eran insensible a la obra del Espíritu de Dios. La sociedad estaba asquerosamente corrompida. El propio Jesús fue objeto de sospechas, fue malinterpretado, odiado. Estaba rodeado de mentirosos dondequiera que iba. No importaba lo que dijera, sus frases eran tergiversadas, y no importaba lo que hiciera, sus motivos fueron puestos en duda. Semejante trato puede amargar el corazón de cualquiera que lo padezca durante mucho tiempo. Jesús fue maltratado en todo momento, pero nunca se rindió [ante el hecho de que las personas pudieran cambiar]. Cuando vio que la gente estaba decidida a quitarle la vida, dijo: "Yo, cuando sea levantado de la tierra, atraeré a todos a mí mismo".

Jesús percibe la superficialidad, la mezquindad, la fragilidad del corazón; pero también ve sus capacidades, sus posibilidades, los gérmenes de semilla de mostaza de las virtudes y las gracias que el Espíritu de Dios puede desplegar. Medimos a las personas demasiado por sus poderes y no lo suficiente por sus capacidades, por lo que son hoy y no por lo que pueden llegar a ser en el futuro. Fue porque los ojos de Jesús miraron el futuro que pudo permanecer en medio de los escombros de una humanidad en ruinas y decir: "¡Anímense!".

Confianza en ti

Este optimista indomable confía en ti. Tú no tienes esperanza en ti mismo. Él sí la tiene. Tú ves tu debilidad, tu sordidez, tu vileza; él ve más profundamente, y viendo más profundamente, tiene esperanza en usted. Él ve tu potencial para Dios. Sabe lo que serás capaz de hacer cuando hayas recobrado el sentido común. Él ve más profundamente también a Dios. Careces de una concepción adecuada de la paciencia o la misericordia del Padre infinito. Él sí la tiene. Tú no sabes lo que su amor infinito puede lograr. Él sí. A causa de tus transgresiones, has perdido la fe en ti mismo. Él no lo ha hecho. Como has fracasado mil veces, dices que no tiene sentido seguir intentándolo. Él dice: "¡Inténtalo de nuevo!". Si te entregas a él, ¡hará de ti un optimista!

10

"¡Aléjate de mí, Satanás!"

MATEO 16:23

LA FIRMEZA DE JESÚS

Pensemos ahora en la firmeza de Jesús. Pensamos con frecuencia en su ternura, y también en su mansedumbre y amabilidad. A estas hermosas gracias el corazón responde con alegría y, al detenernos en ellas, es probable que pasemos por alto otros rasgos no menos bellos y dignos de alabanza. La mansedumbre de carácter no es una virtud a menos que vaya acompañada de tenacidad de voluntad. La dulzura de disposición no basta para hacer a una persona útil y noble. Junto con la mansedumbre debe ir la fortaleza, y debajo del humor suave como el terciopelo debe yacer una determinación dura como el acero.

La debilidad de las personas bajo el juego de las fuerzas sociales es una de las tragedias más notorias de la historia. Forjar una voluntad suficientemente fuerte para resistir y controlar estas fuerzas es la tarea central y crucial de la educación. Es un antiguo adagio que las malas compañías corrompen las buenas costumbres. Todos los seres humanos son más o menos moldeados por la sociedad de la que forman parte. Esta capacidad de ser influenciados no es un rasgo exclusivo de la infancia, sino que se lleva con nosotros a lo largo de todas las etapas de la vida. El joven universitario está poderosamente influenciado por aquellos de sus compañeros que son más próximos, y a veces unos pocos espíritus audaces y dominantes marcan el ritmo de mil personas. Los empresarios son tan susceptibles como los estudiantes universitarios y ceden en masa a la influencia de unas pocas mentes dominantes.

Contra la corriente

La esclavitud del mundo social ha sido durante mucho tiempo un tema para moralistas y sarcásticos. En efecto, es un personaje fuerte el que se atreve a ir en contra de las tradiciones y las modas del mundo en el que se mueve. La humanidad va en tropel y en manada, y ninguna esclavitud es demasiado absurda o mortificante para someterse a ella. La mayoría de los mortales no tienen la fuerza suficiente para ser ellos mismos: se convierten en ecos de sus vecinos y caminan por senderos trazados por otros. Hay un espíritu de la época que deja su huella en todas las mentes. Ni siquiera las personas más poderosas pueden librarse por completo de él. Como dice Lowell: "Cada hombre es prisionero de su época". Nos disculpamos por los grandes hombres y mujeres de la historia diciendo: "¡Recuerden los tiempos en que vivieron!".

Pero cuando llegamos a Jesús de Nazaret, estamos en presencia de un hombre al que nadie desvió ni dominó, que está tan libre de los prejuicios de su raza y tan limpio del espíritu de su época que parece pertenecer a todas las razas y a todas las épocas. No es el Hijo de David, sino el Hijo del Hombre: genuina y supremamente humano. No es solo un ciudadano del primer siglo, sino el contemporáneo de cada generación sucesiva. Sumergido en un océano de fuerzas poderosas que lo golpeaban furiosamente a lo largo de cada hora de su carrera, las resistió todas con éxito gracias a la indomable energía de una voluntad victoriosa, viviendo una vida única por su belleza y realizando una obra que no se vio empañada por las limitaciones ni de tiempo ni de lugar.

Que no era insensible a las fuerzas dominantes de su tiempo, nos lo ha contado él mismo en el relato de la tentación. Sus compatriotas se habían formado ideas definidas sobre el Mesías. Debía ser un hacedor de prodigios, y las manifestaciones de su poder debían ser espectaculares y abrumadoras. Debía pisotear las fuerzas contrarias bajo sus pies y hacer de Palestina el centro del mundo. Este era el sueño; esta era la expectativa. Los mejores hombres tenían esa expectativa, al igual que los peores. Frustrar las expectativas populares es algo peligroso. Dondequiera que iba, oía al pueblo clamar por un rey, un rey que se alzara con la supremacía sobre el naufragado imperio del césar. La nación estaba madura para la revolución. Una palabra suya habría encendido, como una chispa, una poderosa conflagración. Las expectativas habían sido creadas por los ungidos por Jehová, y estas expectativas estaban ardiendo. Estar de acuerdo con sus ideales era una gran tentación, una tan terrible que lo contó todo a sus apóstoles. Les aseguró que durante esta tentación había estado luchando con el mismísimo príncipe de los poderes infernales, pero que, a pesar de los repetidos

> **La mansedumbre de carácter no es una virtud a menos que vaya acompañada de tenacidad de voluntad.**

ataques, había salido victorioso del conflicto. Al elegir el camino que conducía a la supremacía por Getsemaní y el Gólgota, renunció a los ideales de sus compatriotas y defraudó sus más queridas expectativas. La nación se lanzó entonces con fuerza frenética contra él, pero él no se inmutó. Era la Roca de eternidad.

Cuando estudiamos su vida con ojos atentos, vemos que fue una larga resistencia a las fuerzas de su época. Era patriota, pero no pudo acompañar a sus compatriotas en ninguno de sus programas o expectativas patrióticas. Era un hombre de iglesia, pero no podía ir con los miembros de la iglesia judía en sus enseñanzas y ceremonias favoritas. Los maestros religiosos enseñaban doctrinas sobre el sábado que él no podía aceptar. Presentaban formas de culto a las que no podía someterse. Establecieron líneas de separación que le resultaban imposibles de observar. No es fácil ir en contra de los sentimientos profundamente arraigados de las personas más religiosas de su época, o ir a contracorriente de los prejuicios de las personas más escrupulosas del pueblo. Había muchas razones por las que Jesús debería haberse amoldado a las ideas y costumbres de la iglesia, pero se resistió firmemente a todas las voces que le instaban a la conformidad, manteniéndose en solitario desafiando lo que hacían y decían los hombres más respetados. Su inconformismo parecía a la mayoría una impiedad y a muchos una blasfemia. Para una persona piadosa, ser catalogado como blasfema es una de las experiencias más amargas que puede conocer el corazón. Pero Jesús pagó el precio y continuó firme.

Firme ante las fuerzas dominantes

Los hombres de luz y liderazgo tienen una influencia que sobrepasa la de las personas ordinarias. Había hombres en Palestina que, por su erudición y posición, se habían ganado la confianza y la estima de sus compatriotas. Como líderes y maestros del pueblo, tenían sus planes y sistemas, y en ellos intentaron hacer trabajar a este joven de Galilea. Reconocían en él a un hombre de fuerza, y manipularlo y servirse de él era una ambición natural. Ninguna persona con una causa noble que defender se enfrentará a la ligera con los más influyentes de su época. Se alineará con ellos en la medida de sus posibilidades; cederá a sus caprichos y antojos hasta donde su conciencia se lo permita; irá con ellos hasta donde esto sea posible; pero, si es una persona de fuerza, no comprometerá sus principios y nunca pondrá en peligro la victoria de su causa complaciendo a aquellos cuyos rostros apuntan hacia un objetivo diferente.

Jesús no podía ser manipulado. Se negó a ser utilizado. Un partido tras otro trató de involucrarlo en sus planes, pero él era incorregiblemente inquebrantable y siguió su camino de manera independiente, sin ataduras, libre. Todas las seducciones ofrecidas por los hombres que se sentaban en los tronos no pudieron desviarle de su curso, y aunque su firmeza le hizo ganarse enemigos y finalmente lo clavó en la cruz, fue en todas partes y siempre un hombre que no podía ser movido.

Firme con sus amigos

Hay los que son demasiado fuertes para ser manipulados por sus enemigos, pero en manos de sus amigos, son plásticos como la cera. Jesús no podía ser manipulado ni siquiera por sus amigos. Tenía muchos amigos en Galilea, pero nunca renunció a sus principios para complacerlos. Ellos tenían sus prejuicios y supersticiones, pero él nunca se rindió a ellos. Él conocía su fanatismo y estrechez de miras, y por eso, en su sermón inicial, leyó la historia de la compasión de Dios con un leproso sirio y también con una viuda sidonia. Su sermón levantó la tormenta que había previsto, pero soportó la furia de ella sin inmutarse. En no guardaba silencio cuando sabía que debía hablar, ni se desvió del camino que sabía que debía recorrer, aunque, por mantenerse en él, se convirtió en un exiliado de por vida.

Probablemente ningún amigo de Galilea estuvo tan cerca del corazón de Jesús como Simón Pedro. En una crisis de la vida de Jesús, Pedro hizo todo lo posible por disuadir a Jesús de un determinado rumbo, pero el amigo leal y cariñoso no tuvo más éxito que el fariseo más hostil. Este hombre de Nazaret no podía dejarse conmover ni por amigos ni por enemigos. **Sumergido en un océano de fuerzas poderosas que lo golpearon furiosamente a lo largo de cada hora de su carrera, las resistió todas con éxito.** Eran los asuntos de su Padre los que él estaba atendiendo, y, por ende, todos los esfuerzos por apartarlo de ellos fueron vanos. "¡Aléjate de mí, Satanás!" (Marcos 8:33), dijo a un atónito Pedro, reconociendo en él aquel mismo espíritu maligno con el que había combatido años antes en el desierto. Desafiar las amenazas de enemigos poderosos es difícil, pero hacer oídos sordos a las advertencias de los amigos que te aman es aún más duro. Solo una persona de voluntad invencible está a la altura de una prueba tan exigente. Jesús la enfrentó y no fracasó.

Fue una prueba a la que se enfrentó también en su propia casa. Sus hermanos no le comprendían. Desde el punto de vista de ellos, con frecuencia hacía lo imprudente y se negaba a hacer lo que habría favorecido su reputación. Siempre estaban dispuestos a darle consejos, pero él no podía aceptarlos. Le instaron a ir a Jerusalén en un momento en que no podía ir. Le exhortaron a volver a casa en un momento en que su deber fue estar en otro lugar. Solo una persona que ha sido impulsado por la conciencia a ir en contra de los deseos de los miembros de su propia familia puede sumergirse en la experiencia que sufrió Jesús o puede medir la fuerza de voluntad que hay que tener para resistir con éxito las incomodidades que trae el amor.

Esta prueba de fuerza de voluntad alcanzó su clímax en el conflicto de Jesús con su madre. Ella lo amaba y él la amaba, pero no siempre podía cumplir sus deseos. Llega un momento en la vida de muchos en que incluso las exhortaciones de su propia madre deben ser ignoradas para obedecer un llamado superior. Una experiencia así le llegó a Jesús. Fue una espada que atravesó el corazón de María, y fue también una espada que atravesó el corazón de Jesús. Aquella dolorosa experiencia en el templo a la edad de doce años no fue probablemente la primera de este tipo en la vida de Jesús, y sin duda no fue la última. Los lazos con María no eran tan profundos como los que unían a Jesús con el Padre celestial, y cuando el deseo de María entró en conflicto con la voluntad del Padre, el deseo de la mujer fue dejado de lado para dar paso a la voluntad de Dios.

He aquí, pues, una situación ciertamente angustiosa. El más tierno, amable y servicial de los hombres se ve obligado a resistir no solo las plegarias de sus compatriotas, sino los deseos de su familia y amigos. Se mantiene inquebrantable como una roca en medio de un mar agitado, y todas sus olas se estrellan en vano contra sus pies. Había algo inflexible en su voluntad, una firmeza de granito en su alma. Cuando encontró a un hombre al que consideró digno de ser uno de sus primeros discípulos, lo llamó "roca". Es cierto que Jesús amaba la estabilidad en los demás, y lo que amaba en los demás, lo tenía sobreabundantemente en sí mismo. Firme él mismo, amaba a los que no podían ser conmovidos. Inquebrantable él mismo, confió su evangelio a hombres que resistieran. Los hombres que ponían la mano en el arado, pero miraban hacia atrás no eran hombres de los que él pudiera servirse para la salvación de un mundo.

Firmeza inalterable

Es en esta tenacidad de voluntad donde encontramos un elemento indispensable del carácter cristiano. Los cristianos deben resistir a las fuerzas exteriores y formar su vida desde dentro. No deben dejarse llevar por la opinión popular, sino por el Espíritu del Eterno en su corazón. No deben escuchar las voces del tiempo, sino vivir y trabajar para la eternidad. Nos gusta esta firmeza en el carácter humano, y también la anhelamos en Dios. A las personas siempre les ha gustado pensar en él como el inmutable y el inalterable, aquel "quien no cambia ni se mueve como las sombras" Santiago 1:17). Y lo que deseamos en Dios, lo encontramos en Jesús de Nazaret. Él también es inmutable e inalterable. Un escritor del siglo I anima los corazones de sus lectores recordándoles que "Jesucristo es el mismo ayer, hoy y por siempre" (Hebreos 13:8). Jesús nunca se llamó a sí mismo la Roca, pero el corazón cristiano pronto le dio ese apelativo, y pocos himnos han resultado tan populares en el mundo como:

Roca de la eternidad,
Fuiste abierta para mí.
Sé mi escondedero fiel.

Lo que Jesús fue en Palestina, lo es hoy y lo será por los siglos de los siglos. Todas sus promesas permanecen inquebrantables; todas sus advertencias permanecen sin cambios. Su actitud hacia los pecadores es hoy lo que ha sido desde el principio y lo que será hasta el final. No puedes desanimarlo con tu ingratitud; no puedes hacer que él sea otro de lo que es por tu desobediencia. Él no es derribado por la locura humana ni desviado de su plan por la perversidad humana. De generación en generación se ocupa de los asuntos de su Padre, y en medio de todas las naciones y tribus y lenguas, va haciendo el bien.

11

"Hay más dicha en dar que en recibir".

HECHOS 20:35

LA GENEROSIDAD DE JESÚS

En el pasaje anterior, Pablo está dirigiendo unas palabras de despedida a los de la iglesia a la que ha dedicado más tiempo y amor que a ninguna otra. Les recuerda cosas que les ha dicho con frecuencia con anterioridad y, para terminar, recuerda uno de los dichos más esclarecedores y útiles de todos los dichos del Señor: "Hay más dicha en dar que en recibir". Estas palabras expresan con rara plenitud uno de los mejores rasgos de Jesús: su generosidad.

Si se le pidiera a uno que mencionara media docena de palabras clave del deber cristiano, seguro que colocaría la palabra "dar" en lo alto de la lista. Uno no puede leer el Nuevo Testamento sin detenerse ante esa palabra, pues aparece repetidamente y siempre con un énfasis sorprendente. De hecho, con frecuencia se ha afirmado que el Hombre de Galilea es extremo e imprudente en su teoría del dar. Su frase: "Da al que pida, y no al que quiera prestado" (Mateo 5:42), ha sido para muchos un misterio y una ofensa. Pero la exhortación no tiene por qué asombrar a nadie si recuerda que toda acción debe someterse a las limitaciones del amor. Se exhorta a los mortales a dar como Dios da, y el dar de Dios siempre está moldeado y condicionado por su amor. Él no nos da exactamente lo que pedimos. A todos nos dice no una, sino muchas veces: "¡No!", "no, "¡no!".

Dar generosamente

El amor nunca puede dar donde dar haría daño. La madre no puede dar la maquinilla de afeitar a la niña que se suplica, ni el padre puede conceder a su hijo todos los favores que pida. El hombre medio borracho que pide monedas en la esquina de la calle debe ser rechazado, y en todos los casos el que pide debe ser tratado según los requisitos de la ley del amor. Pero poner por escrito todas las consideraciones y condiciones que debían tenerse al tratar con un mundo que siempre está pidiendo era, para Jesús, una mera imposibilidad. Jesús lanzó la gran palabra "dar", sin matices y desnuda, dejando que hablara sin trabas al corazón humano, como una palabra que encierra en sí una revelación de la mente de Dios. Lucas nos cuenta que un día en que Jesús estaba revelando su idea de la generosidad, dijo: "Den y se les dará: se les echará en el regazo una medida llena, apretada, sacudida y desbordante. Porque con la medida con que midan a otros, se les medirá a ustedes" (Lucas 6:38). Para entender esto, debes haber estado alguna vez en una granja y haber observado al agricultor medir granos o pequeños frutos. Apretar, sacudir y desbordar todas son expresiones gráficas y significativas destinadas para traer a la mente la clase de medida en la que se deleita el Rey del cielo.

El que no escatima ni reparte con mano tacaña es, dice Jesús, un individuo al que el universo aprecia y bendice. No perderá nada por su desprendimiento, pues el mundo está construido sobre un principio generoso; y al entregarse al espíritu divino de dar, estará en sintonía con el Infinito, y de ninguna manera perderá su recompensa. No necesita estar ansioso por el momento preciso en que tal acción traerá su recompensa. Basta con seguir adelante, dando y sin pedir nada a cambio, con la seguridad de que en algún lugar y de algún modo, la recompensa le llegará. Que, por tanto, cuando haga una cena o un banquete, no invite simplemente a sus amigos o a sus hermanos, o a su parentela o a sus vecinos ricos, esperando que le vuelvan a invitar. Que agasaje a los pobres, a los mancos, a los cojos, a los ciegos, a los que no pueden dar nada a cambio, y entonces que espere de Dios la bendición que está prevista para el corazón generoso. Puede que esa bendición no llegue en toda su plenitud en el mundo que ahora es, pero habrá una recompensa completa en la resurrección de los justos. Lo que dijo a sus discípulos se lo dice a todos: "De gracia recibieron, den de gracia" (Mateo 10:8 NBLA).

Bendiciones y maldiciones

La desaprobación de Jesús al corazón tacaño y lleno de mezquindad sale a relucir en varias de sus parábolas. Por ejemplo, cuando habla del rico que viste de lino fino en su mesa de banquete mientras el mendigo enfermo come migajas a su puerta, podemos sentir la llama caliente de un alma indignada. ¿Y en qué lugar del Nuevo Testamento encontrarás un elogio más exuberante que el que él prodiga a la mujer que derramó sobre su cabeza y pies el perfume equivalente al salario de un año? Almas miserables cercanas a él se ofendían por tal extravagancia, pero a él le gustaba. Valoraba los derroches de amor. Cuando ve a una pobre viuda echar sus dos monedas de cobre en el tesoro del templo, todo el dinero que tenía en el mundo, no la critica por hacer una tontería como habríamos hecho la mayoría de nosotros, sino que en una exclamación que tiene en sí la música de un aleluya dice: "Esta viuda pobre ha echado más que todos los demás" (Lucas 21:3). En un mundo tan lleno de tacaños y personas que dan a regañadientes, alegraba su gran corazón ver de vez en cuando a una persona que había dominado el divino arte de dar.

Generosidad máxima

Cuando dijo que es más bendito dar que recibir, hablaba por experiencia personal. No lo había leído en un libro; lo había descubierto en la vida. Cuando instaba a otros a dar libremente, abundantemente, pródigamente, con gusto y continuamente, solo estaba predicando lo que él mismo practicaba. No tenía dinero para dar, pero dio sin escatimar lo que tenía. Tenía tiempo y lo dio. Las horas doradas eran suyas, y él las dio. Él las dio todas. Tan desmedidamente las daba que, para encontrar tiempo para orar, era necesario aprovechar las horas en que otros dormían. Tenía fuerzas, y las daba con un desprendimiento que asombraba y alarmaba a sus amigos.

Derramó su energía sin guardarse nada. En una ocasión lo vemos sentado, exhausto, al borde del pozo de Jacob; en otra, se quedó dormido ni bien su cabeza tocó la almohada en la pequeña barca que lo llevaba de regreso a Cafarnaúm. Cuando, en el último día de su vida, le colocaron una viga de madera sobre el hombro, tropezó y luego cayó, tan completamente extenuado había quedado por las arduas labores de los meses y años precedentes. Salvó a otros, pero a sí mismo no sabía cómo salvarse. Tenía pensamientos, y los dio. Tenía ideas, y las esparció. Tenía la verdad, y la compartió con todos.

¡He aquí un sembrador que sale a sembrar! Es Jesús. Observa el balanceo de ese brazo. ¡Qué brazo tan generoso! Esparce la semilla por el camino endurecido por las pisadas. No importa. Esparce la semilla sobre el suelo pedregoso. ¿Y qué? Él esparce la semilla en zarzales y rincones espinosos. Eso no le importa. La semilla es abundante, y la esparcirá con mano desbordante de generosidad, esperando que parte de ella encuentre el suelo que es fértil y que producirá una cosecha para alegrar el corazón de Dios. Muchos maestros han guardado sus mejores ideas para unos pocos elegidos; Jesús esparció las suyas. Con frecuencia tuvo oyentes ignorantes, prejuiciosos e insensibles, pero arrojó sus perlas a manos llenas a dondequiera que iba. ¡Qué ideas tan gloriosas esparció sobre las multitudes de campesinos galileos! ¡Qué verdades celestiales desplegó ante hombres y mujeres de los que el mundo no se dio por enterado!

Nunca un maestro fue tan generoso en la entrega de ideas; nunca un gran pensador derramó sus tesoros en un derroche tan abundante e inconmensurable. Libremente había recibido, y por ello libremente dio. No era solo trabajo del intelecto, sino también la sangre del corazón lo que daba. Su afecto hacia las personas fluía en una corriente constante y plena. Su compasión abarcaba todas las clases, y ningún individuo, por más humilde y despreciado que fuera, apeló jamás a él en vano.

> **Esta fue, pues, la carrera terrenal de Jesús: una manifestación continua de amor generoso e ilimitado.**

Los ciegos, al oír que se acercaba, se alineaban a lo largo del camino gritando a su paso: "¡Ten compasión de nosotros!". Leprosos que eran tenidos por impuros y tratados peor que perros se atrevieron a abrirse paso hasta su presencia y pedirle un toque curativo. Los samaritanos, considerados como lo peor del mundo, en la estimación del judío ortodoxo, sabían que en este nuevo rabino tenían un benefactor y un amigo. Cuando expulsó a los mercaderes del templo, fueron los ciegos y los cojos los que acudieron a él, sabiendo que no serían dejados de lado.

El amor da todo

La compasión agota la sangre que corre por las venas, y el que se compadece consume las fuentes de su energía. Esto hizo siempre Jesús. Era un hombre con un corazón amoroso. Amaba tanto a sus amigos como a sus enemigos. Los amó al principio y los amó hasta el final. El amor que prodigaba a sus discípulos los purificaba y los unía a él con lazos que nada podía romper. Pero su amor se extendió también a los que le odiaban y gritaban para provocar su muerte. "Padre, perdónalos, porque no saben lo que hacen" (Lucas 23:34): En esa oración se revela claramente el corazón amoroso de Jesús. Derramó su amor con una generosidad que recordó la gente la generosidad de Dios.

Habiendo dado tiempo, fuerza, pensamiento, compasión y amor, finalmente entregó su vida. Más que esto no puede dar ninguna persona. No fue una víctima involuntaria de las circunstancias, ni la presa indefensa de fuerzas políticas ingobernables, ni una víctima de asesinato como Julio César o Abraham Lincoln. Dio su vida consciente y deliberadamente. No le fue arrebatada por accidente o el destino, sino entregada libremente por un corazón dispuesto a pagar el gran precio. Una y otra vez se esforzó por dejar esto claro. Dijo que tenía autoridad para dar su vida y para tomarla de nuevo. Desde el principio, estuvo convencido de que había venido al mundo para atender las necesidades de los seres humanos y para dar su vida como rescate por muchos. Solo mediante la entrega de su vida podía ablandar los corazones de los individuos y devolver un mundo perdido a la casa del Padre.

Lecciones de la naturaleza

Esta fue, pues, la carrera terrenal de Jesús: una manifestación continua de amor generoso e ilimitado. En su carácter vemos no solo lo que es posible que una persona sea, sino que también contemplamos una revelación del carácter del Eterno. "El que me ha visto a mí ha visto al Padre" (Juan 14:9), así dijo Jesús a los que estaban más cerca de él, y es un dicho que debería estar con frecuencia en nuestros pensamientos. Al estudiar el carácter de Jesús, comprendemos mejor no solo las posibilidades del ser humano, sino también la manera de ser y la voluntad de Dios.

El Dios revelado por Jesús es el mismo Dios revelado por la naturaleza. El Dios de la naturaleza siempre ha sido conocido como un Dios generoso. Los días y las noches; el cielo, el mar y la tierra; las estaciones cambiantes, todo da testimonio de su asombrosa generosidad. Él es extravagante en todas sus acciones. Es generoso en todas sus bendiciones. Él esparce las cosas buenas con la magnanimidad generosa de un Rey. Él esparce las estrellas no por míseros miles, sino por incontables millones. Él crea flores no en números que podamos contar, sino en una abundancia que abruma y desconcierta la imaginación. Él siempre da más de lo que se puede aceptar. Él arroja atardeceres a ojos que no se interesan por ellos. Él da a los árboles frutales más flores de las que los árboles pueden utilizar. En cada banquete que él extiende, quedan fragmentos que llenan doce cestas. ¡Él es un Dios colmado de gracia, que da a manos llenas, abundante y extravagantemente generoso!

En el reino de la naturaleza, es ciertamente un Dios que da sin escatimar y desconcertantemente generoso, y lo que es en el mundo de la naturaleza, lo es igualmente en el reino del espíritu. Jesús dice: "Pidan y recibirán" (Juan 16:24). No dudes en hacerlo. No importa quién seas tú, puedes hacerlo. "Porque todo el que pide, recibe" (Lucas 11:10), Es un principio eterno, profundamente arraigado en la creación y enraizado en el corazón de Dios, que se pueden tener dones ricos y reales por el hecho de pedir. El propósito de la religión cristiana es acercarnos a un Dios que está dispuesto a darnos por encima de lo que estamos dispuestos a pedir o somos capaces de pensar. El mensaje de Jesús se emociona con la idea de que constantemente obtenemos, no lo que ganamos o lo que merecemos, sino lo que un Dios de manos abiertas está encantado de dar sin reservas.

El amor nunca lleva la cuenta

Si te preguntas por qué Jesús fue generoso, la respuesta es que Dios es amor. ¿Cuándo ha sido el amor otra cosa que generoso? ¿Cuándo ha repartido el amor las cosas buenas con una mano escasa, tacaña y miserable? Cuando Pedro sugirió un número determinado como suficiente para indicar los límites del perdón, Jesús le dijo que no contara en absoluto. El amor nunca cuenta. ¿Cuándo contó una madre el número de veces que besó a su bebé? ¿Y cuándo un amigo se puso a registrar alguna vez el número de favores hechos a su amigo? ¿O cuándo un padre hizo alguna vez una lista de todas las cosas buenas que dio a sus hijos? El amor nunca cuenta. La naturaleza del amor es dar, y seguir dando, y luego idear nuevas formas de dar más, e imaginar aún más necesidades que puedan ser satisfechas.

Dirigiéndose a los padres, Jesús dice: "¿Quién de ustedes, si su hijo pide pan, le da una piedra? ¿O si pide un pescado, le da una serpiente? Pues si ustedes, aun siendo malos, saben dar cosas buenas a sus hijos, ¡cuánto más su Padre que está en los cielos dará cosas buenas a los que le pidan!" (Mateo 7:9-11). Si alguna vez sientes la tentación de cuestionar la generosidad del corazón de Dios, ¡mira a Jesús! Una vez en la historia del mundo ha vivido un hombre cuya alegría suprema era dar sin límites. Él sabía, como ningún otro hombre ha sabido jamás, cuánto es más bendecido dar que recibir. Vivió no para ser servido, sino para servir; no para recibir, sino para dar; no para salvar su vida, sino para derramarla por los demás. Si una generosidad tan grande ha aparecido en el tiempo, debe ser porque hay un corazón generoso en la eternidad; si una gracia tan hermosa ha florecido en nuestra tierra, tenemos el derecho a esperar la misma gracia en el cielo.

12

"He venido a traer fuego a la tierra".

LUCAS 12:49

EL ENTUSIASMO DE JESÚS

Aunque la palabra "entusiasmo" se encuentra un par de veces en las traducciones modernas del Nuevo Testamento, es extraño que no aparezca en el griego. Sin embargo, el Nuevo Testamento es el más entusiasta de todos los libros, y Jesús es el más entusiasta de todos los hombres. Se evita la palabra "entusiasmo" y por una razón. En el siglo I tenía asociaciones desagradables. El entusiasmo en el mundo pagano era "un éxtasis, o posdivina". Un entusiasta era "alguien inspirado o poseído por un dios". Con frecuencia, era un fanático; a veces era loco. A los evangelistas y apóstoles no les gustaba la palabra, por lo que la mantuvieron fuera de sus escritos. En el habla de hoy, entusiasmo es una palabra noble. Es fervor de la mente, ardor del espíritu, exaltación del alma. Es pasión, calor, fuego, celo. Aunque la palabra está ausente, la cosa en sí está presente. Jesús arde con calor ferviente. Sus mismas palabras son chispas que encienden conflagraciones.

Un hombre enérgico

De niño, visitó Jerusalén con sus padres, y al deslizarse un día en el templo para escuchar a los eruditos discutir los grandes problemas de la religión, se perdió. Olvidó qué día de semana y qué hora del día eran. Su padre, su madre, sus hermanos, sus hermanas y sus amigos desaparecieron por completo de su mente. Se zambulló de cabeza en la discusión de los erudites, se entregó por completo al tema de la hora, se dejó arrastrar por la marea del pensamiento y de la discusión, hasta que de pronto el rostro de su madre apareció en la puerta, y recordó el lugar que había dejado vacante en la caravana que había partido hacia Galilea. En esta experiencia del templo, vemos una naturaleza sensible e impresionable, capaz de calentarse a altas temperaturas.

Cuando, siendo un joven de treinta años, aparece de nuevo ante nosotros, lo vemos en el río Jordán siendo bautizado por el poderoso predicador Juan. Inmediatamente después del bautismo, Marcos nos dice que fue llevado por el Espíritu al desierto. La palabra "llevar" tiene en sí un significado que resulta revelador. Jesús está tan lleno de sentimientos después de la experiencia que le sobrevino en su bautismo que no puede quedarse cerca de los hogares de la gente, sino que debe alejarse de inmediato a lugares desiertos y no frecuentados donde pueda meditar sobre lo extraño que le ha sucedido y ponderar los pasos que debe dar a continuación.

A partir de este momento, tenemos ante nosotros a un hombre que está siendo llevado. Ya de niño utilizaba una palabra que expresaba la intensidad de su sentimiento: "¿No sabían que tengo que estar ocupado en los asuntos de mi Padre?". Nunca dejó de utilizar ese tipo de lenguaje. Querían que se quedara en Cafarnaúm, pero él no podía. "Es preciso que anuncie también a los demás pueblos las buenas noticias del reino de Dios". Querían que se mantuviera alejado de Jerusalén, sabiendo que allí era peligroso, pero él dijo: "Tengo que ir a Jerusalén". "Tengo que pasar por la prueba de un bautismo y ¡cuánta angustia siento hasta que se cumpla!". Sentía que su vida sería corta, y por eso seguía diciendo: "Me es necesario hacer las obras del que me envió, entre tanto que el día dura; la noche viene, cuando nadie puede trabajar" (Juan 9:4 RVR).

"De la abundancia"

Lo intensa que fue su vida podemos verlo en lo que se nos dice de su hábito de orar. Siempre estaba orando. Se levantaba temprano por la mañana para tener más tiempo para orar; se quedaba despierto hasta tarde por la noche para aumentar las horas en las que podía hablar con Dios. A veces no se acostaba en absoluto, permaneciendo toda la noche en la cima de alguna colina bajo las estrellas derramando su alma a Dios. Era entusiasta en la oración, y por lo tanto era apasionado en el trabajo. La gente se asombraba de la magnitud de sus labores. A veces no se tomaba tiempo para comer. Incluso cuando se marchaba para una temporada de descanso, se entregaba por completo a las multitudes que le buscaban.

Hay en sus palabras una energía que quema. Una y otra vez captamos expresiones en las que podemos sentir latir su gran corazón: "Ni siquiera en Israel he encontrado una fe tan grande" (Lucas 7:9); "¡Mujer, qué grande es tu fe!" (Mateo 15:28); "Te alabo, Padre" (Lucas 10:21); "¡Jerusalén, Jerusalén... cuántas veces...!" (Lucas 13:34 RVA). Todas ellas salen de la garganta de un entusiasta, de un hombre rebosante de sentimientos. A la distancia de dos mil años del día en que fueron pronunciadas, nuestros corazones saltan al escucharlas. ¡Las lluvias de los siglos no han apagado su fuego!

Pero no es solo lo que dice Jesús, sino también lo que dicen los que le tocaron, lo que nos permite asomarnos a la esencia en llamas de su ardiente corazón. Marcos nos dice con franqueza que hubo un momento en la vida de Jesús en que su labor era tan excesiva que sus amigos dijeron: "Está fuera de sí" (Marcos 3:21). Expresiva, en verdad, es la frase. Una persona está fuera de sí cuando está ligeramente fuera de control. Cuando una persona se ha desviado solo un poco de su equilibrio, está fuera de sí. Se encuentra en la frontera entre la cordura y la locura.

El celo tiene un efecto

Nunca se había visto en Palestina una entrega tan apasionada por hacer el bien. No es de extrañar que algunos dijeran: "¡Está fuera de sí!". Pero este fue el juicio de sus amigos. Sus enemigos no vacilaron en decir sin titubeos: "Tiene un demonio; está loco". Jesús dejó esta impresión no una vez, sino con frecuencia. Semejante fervor por la justicia, semejante entusiasmo por ayudar a la humanidad, parecía a los escribas insensibles la furia de un demente. Fue cuando Pablo ardía con el mismo tipo de calor que Festo gritó: "¡Estás loco, Pablo!" (Hechos 26:24). Nada parece tan loco como el entusiasmo para alguien incapaz de sentirlo.

Las multitudes también dan testimonio del fuego que este hombre llevaba adentro. Provocaba agitación en las personas dondequiera iban. Una y otra vez la excitación se elevaba al calor de la fiebre, y Jesús se escabullía y escondía. Cerca del final de su carrera, las multitudes enloquecieron en su tumultuosa alegría, gritando, cantando, arrojando sus ropas al polvo para que el animal que Jesús montaba pudiera tener una alfombra para sus pezuñas como la que se extiende para los desfiles triunfales de los reyes. Nadie puede encender a una multitud a menos que su propia alma esté en llamas. Cuando vemos a algunos aclamar y adorar y a otros rechinar los dientes y maldecir, es evidente que estamos en presencia de un hombre cuyo corazón arde como un horno y cuya alma irradia calor dondequiera que vaya.

Los Doce

Una evidencia aún más clara de esto se encuentra en el carácter de los hombres que Jesús atrajo hacia sí como sus amigos íntimos. Los apóstoles eran todos hombres de fuego. No creas en las imágenes cuando pintan a los doce como hombres apagados y sin fuerzas. Eran hombres llenos de vigor y viriles, poderosos, llenos de fuego y pasión, atraídos por Jesús porque en él veían a un hombre que les hacía sentir plenos.

Pedro tenía un alma hirviente; sus palabras salían de él como lava fundida. Juan y Santiago fueron llamados hijos del trueno. El discípulo a quien Jesús amaba era tan apasionado que quería quemar a todo un pueblo que había insultado a su Maestro. Uno de los discípulos fue un zelote, miembro del partido político más radical de Palestina. Los hombres de este partido apenas podían dormir, tan intenso era su odio a Roma, y ningún hombre entre los zelotes podría haberse sentido atraído por un hombre que fuera insensible y de manos débiles. Fue porque Jesús tenía en su interior aquel fuego que amaban los fanáticos por lo que Simón se enroló entre los apóstoles. Si había un temperamento flemático en el grupo de apóstoles, era el de Tomás; pero incluso él era tan devoto de Jesús que dijo a sus camaradas: "Vayamos también nosotros para morir con él". Ese era el sentimiento de todos ellos. Amaban a Jesús con tal intensidad de devoción, con tal apasionado abandono de sí mismos, que estaban dispuestos a cualquier momento a dar la vida por él. Ningún hombre puede ganarse y mantener la ardiente devoción de los hombres fuertes a menos que tenga un alma ardiente. Jesús, del primero al último, estuvo rodeado de entusiastas porque él mismo era entusiasta.

Las raíces del apasionado entusiasmo

Si te preguntas por la causa de este entusiasmo, encontrarás que tiene tres raíces. En primer lugar, Jesús tenía una naturaleza sensible. Tenía una organización interior refinada; sus nervios estaban delicadamente tensados. Hay una gran diferencia en la constitución de los seres humanos. Algunos son toscos, rígidos, torpes. Tienen sensaciones, pero no intensas. Tienen las emociones de los vegetales. Hay otros que están tan delicadamente afinados como un arpa movida por el viento. Cada brisa que sopla sobre ellos les hace vibrar y extrae de ellos música. Un hombre así era Jesús. Nunca se moldeó una arcilla más noble alrededor de un alma que la que formó su cuerpo, y este cuerpo nunca fue endurecido ni vuelto insensible por el pecado. En el Monte de la Transfiguración, su alma resplandeció de tal manera a través de su cuerpo que sus discípulos quedaron asombrados y sobrecogidos. En el Huerto de Getsemaní, su agonía fue tan grande que el sudor de su frente era como gotas de sangre. Cuando su alma llegó en un momento a su rostro los hombres cayeron de espaldas al suelo.

Junto a esta naturaleza capaz de arder, existía una visión de Dios y una visión de la humanidad que incendiaron la nación. Jesús vio que el Hacedor del universo es un Padre; que en el centro de las cosas late el corazón de un Padre; que sobre todo se extiende el cuidado de un Padre; y que el amor de un Padre fluye hacia todos. Otros han visto esto de manera borrosa, como a través de un cristal oscuro, pero Jesús lo vio como nunca se había visto antes y como nunca se ha visto desde entonces. Para él era el único hecho claro y luminoso del universo, y todo lo demás se contemplaba a la luz de esa verdad gloriosa. Puesto que Dios es el Padre de todos, entonces todos los seres humanos son sus hijos. Él los creó a todos. Él los ama a todos. Él desea salvarlos a todos. No importa quiénes sean o qué sean o dónde estén, son sus hijos, y no pueden escapar de su amor y cuidado. Por lo tanto, la gente de todas partes son hermanos, y que un hermano ayude a otro, esta es la suprema alegría de vivir. Otros ven esto tenuemente, pero para Jesús todo era claro como el sol al mediodía.

Con tal visión de Dios y tal visión de la humanidad, ¿es de extrañar que su alma ardiera como una estrella? De tal naturaleza, encendida por tal visión, surgió un propósito, firme y lleno de pasión. A los ojos claros de Jesús, una poderosa batalla se libraba en la

> **De tal naturaleza, encendida por tal visión, surgió un propósito, firme y lleno de pasión.**

tierra. Había un conflicto terrible entre lo correcto y lo incorrecto, la luz y las tinieblas, el bien y el mal, Dios y el diablo. No había nada que hacer en crisis salvo lanzarse con todo el corazón a la contienda, luchando con indomable espíritu por la gloria del Padre y el bienestar de sus hermanos. Junta estas tres cosas —una naturaleza sensible y ardiente, una visión clara y gloriosa, y un propósito ardiente e inquebrantable— y tendrás los ingredientes que van a producir la llama divina que se conoce como entusiasmo.

La atracción que tiene la pasión

¡Qué hermoso es el entusiasmo! Moisés se apartó para ver una zarza ardiente, y todo el mundo se aparta para ver a una persona en llamas. Echa un vistazo a través de los siglos, y observarás que cada vez que la humanidad se ha desviado del camino establecido, ha sido para ver a una persona que ardía. El entusiasmo es de diferentes tipos, pero cada tipo es fascinante. Pero superior a todos los entusiasmos es el fuego que arde en las almas enamoradas de Dios. Para conocerlo, para servirlo, para glorificarlo, esta es la ambición más elevada de la que es capaz el alma, y el alma, cuando está poseída por esta ambición, arde con un fuego que no puede apagarse. Este era el entusiasmo de Jesús. En él, el más elevado de los entusiasmos alcanzó su clímax. Vivía y se movía y existía en la presencia del Eterno. Desde el principio hasta el fin, vio la majestad de la justicia, amó la belleza de la santidad y vivió para la gloria de Dios.

El fuego de la pasión

No es de extrañar, pues, que a la religión de Jesús le guste la palabra "fuego". Juan el Bautista declaró que solo podía bautizar con agua pero que venía uno que bautizaría con fuego. De las manos de Juan salían personas goteando; de las manos de Jesús salían ardiendo. Lucas nos dice que el día de Pentecostés había llamas sobre todas las cabezas, lo cual no es sorprendente. Juan, en la isla de Patmos pensando en Jesús, lo ve con ojos como llamas de fuego y pies de bronce pulido. Le oye hablar a los laodicenses, y esto es lo que dice: "Conozco tus obras; sé que no eres ni frío ni caliente. ¡Ojalá fueras lo uno o lo otro! Por tanto, como no eres ni frío ni caliente, sino tibio, estoy por vomitarte de mi boca" (Apocalipsis 3:15-16). Uno puede beber agua fría con verdadero deleite. También puede beber agua calentada a cierta temperatura. Pero contra el agua tibia el estómago se rebela. El discípulo amado no duda en representar a Jesús diciendo: "¡Los cristianos tibios me repugnan!".

¿Qué les pasa a los cristianos para que estén tan faltos de

entusiasmo? La respuesta es que la naturaleza está saturada, empapada por la fría llovizna de la mundanalidad, y junto con la degradación de la naturaleza se desvanece también la visión de la paternidad de Dios y la hermandad de los seres humanos. Debido a esta visión ensombrecida, también se apaga el propósito apasionado, y el alma no se enciende. ¿Qué debemos hacer entonces? Volvamos a Aquel que es un Dios apasionado, tan ansioso y ardiente en su amor que dio a su Hijo unigénito. Si no ardemos en presencia de semejante evangelio, es porque tenemos un corazón de piedra; pero Aquel que conoce nuestra naturaleza y que recuerda que somos polvo ha prometido quitarnos el corazón de piedra y darnos un corazón de carne.

13

"Alégrense y llénense de júbilo".

Mateo 5:12

LA ALEGRÍA
DE JESÚS

Dejando a un lado todos los poetas y filósofos, hagámonos la pregunta: ¿Jesús de Nazaret causaba en la gente la impresión de ser alegre o triste, solemne o radiante, jubiloso o melancólico? No cabe duda de la respuesta que dan los pintores. Casi siempre lo pintan triste; les encanta pintarlo en la cruz; lo pintan muriendo con una gran melancolía en los ojos; o si no lo pintan en la cruz, lo pintan camino a la cruz con la corona de espinas en la cabeza, doblándose por el peso mientras sube tambaleándose por el Gólgota. El Jesús de la historia cristiana es un hombre de dolores, acostumbrado al sufrimiento; hay tristeza en su rostro y un profundo quebranto en su corazón. Y no solo lo pintan triste los pintores, sino nuestra imaginación. Cuando pensamos en él, pensamos en él como crucificado. Siempre lo vemos con la sombra de la cruz sobre él; siempre nos lo imaginamos como alguien serio y triste. Pero no podemos permitirnos seguir a los pintores. Pintan a Jesús con una aureola. Nadie en Jerusalén vio nunca la aureola. Lo pintan con una sombra en la cara: ¿suponen que los de Palestina vieron la sombra? Queremos verlo tal como era.

Evidencias de los enemigos

Para averiguar qué impresión causó realmente en la gente de su época, merecerá la pena que escuchemos lo que sus enemigos tenían que decir. Por supuesto, sus enemigos no dirán la verdad sin adulterarla; ellos recurrirán a falsedades, pero incluso las falsedades son de gran ventaja para intentar abrirse camino hacia la verdad. No hay nada que deje más perplejo a un abogado durante el interrogatorio de un testigo como su silencio total. Si un testigo solo habla, si solo dice falsedades, su discurso es más esclarecedor que un silencio prolongado; porque las falsedades, cuando se alinean una tras otra, tienen la curiosa capacidad de apuntar en dirección a la verdad. Cuando una persona empieza a mentir, si logra que siga mintiendo el tiempo suficiente, acabará por ponerle sobre la pista para descubrir cuál es la verdad.

Lo mismo ocurre con los enemigos de Jesús. Han dicho ciertas cosas que tienen un valor incalculable para nosotros en nuestra búsqueda de un conocimiento auténtico del carácter de Jesús. Entre otras cosas que dijeron, declararon que era un glotón. Por supuesto que no lo era, pero ellos dijeron que lo era. Ahora bien, un glotón nunca es una persona de rostro triste y amargado. La glotonería es una forma de placer; las personas comen en exceso porque comer en exceso les proporciona placer. Un glotón suele ser rollizo y rechoncho. Cuando los de la época de Jesús dijeron que era un glotón, podemos estar seguros de que no era un ermitaño ni en su aspecto ni en sus hábitos.

También lo llamaron un bebedor de vino. Por supuesto que no lo era, pero el mero hecho de que le acusaran de entregarse al vino apunta en la dirección del tipo de hombre que era. Un bebedor de vino suele ser una persona alegre. El vino afloja la lengua y da una lucidez pasajera a la mente. Alguien bajo la influencia del vino es excesivamente sociable, hablador y jovial. Los enemigos de Jesús nunca le habrían llamado bebedor de vino si hubiera sido tan sombrío y triste como lo han pintado algunos artistas.

También le llamaban amigo de publicanos y pecadores. Por

"publicanos y pecadores" debemos entender a los que no iban a la iglesia. Este hombre no solo iba a la iglesia y se relacionaba con gente piadosa, sino que también se asociaba con personas que no tenían piedad. Cuando declararon que era amigo de estos no practicantes, dieron a entender que era de la misma calaña que ellos: "Las aves de un mismo plumaje siempre se juntan". Nunca se habría asociado con gente tan impía si él mismo no hubiera tenido un corazón impío, o eso declaraban sus enemigos. Y si Jesús hubiera sido taciturno y hosco, serio y malhumorado, sus enemigos nunca habrían declarado que era compañero de personas de buen ánimo. Su mentira habría adoptado otra forma. Pongamos, pues, estos tres trozos de falsedad juntos, y ¿cuál es la dirección en la que apuntan? Son las piezas de calumnia más preciosas que jamás hayan brotado de labios engañosos. Prueban indiscutiblemente que, fuera lo que fuera Jesús, no era malhumorado ni agrio ni melancólico.

Jesús como testigo clave

Tras haber escuchado el testimonio de sus enemigos, estudiemos ahora una de las palabras que Jesús se aplicó a sí mismo. Había gente piadosa en Palestina que se escandalizó mucho porque Jesús nunca ayunó, ni enseñó a sus discípulos que era su deber ayunar. El ayuno era una práctica reconocida de la religión judía. Toda persona de piedad ortodoxa en Palestina ayunaba dos veces por semana. El ayuno había sido prescrito por el más grande de los rabinos; también había sido el requisito del propio Juan el Bautista. Algunos se acercaron un día a Jesús indignados, diciendo: "¿Por qué no ayunan tus discípulos?". La respuesta de Jesús es esclarecedora. Dijo: "¿Acaso pueden ayunar los invitados del novio mientras él está con ellos?". ¿Te has fijado en el uso de la palabra "novio"? Jesús dice que es un novio. Se apropió de una palabra que es el símbolo de la alegría humana. Si alguna vez un hombre es feliz en este mundo, es en el día de su boda. Jesús dice que vive en una atmósfera de alegría nupcial y lo mismo hacen sus discípulos. Es imposible, por tanto, que ni él ni sus discípulos adopten ninguna de las viejas maneras de una piedad sombría y rígida del pasado.

Les dijo a los hombres que le criticaban que su vida era diferente de la vida de Juan el Bautista, y también de la vida de los fariseos. No se pueden mezclar los dos tipos de piedad; las dos formas de vida no se mezclarán. Permíteme darte una o dos ilustraciones, dijo: "Nadie pone un remiendo nuevo en una prenda vieja, porque el remiendo nuevo se rasgará y la rotura será aún peor. Tampoco puede poner mi forma de vida sobre la vieja forma de piedad. Las dos no podrán sostenerse juntas; la fuerza que hay en mi forma de vida simplemente hará pedazos la vieja forma de vida. O, para darte otra ilustración, nadie pone vino nuevo en odres viejos, porque hay demasiada vida, movimiento y chispa en el vino nuevo para los odres viejos. Si intentan poner el vino nuevo en odres viejos, los odres viejos reventarán y el vino se perderá. Así que no pienses que puedes hacer encajar la nueva vida que vivo y que quiero que vivan todos mis seguidores en viejas formas de piedad farisaica, porque eso no puede hacerse. Vivo un nuevo tipo de vida, y quiero un nuevo tipo de persona, un nuevo espíritu, una nueva forma de religión".

Lecciones de alegría

Parece, pues, que Jesús era un hombre que abundaba en alegría. La alegría era una de las notas distintivas de su carácter. Escúchalo mientras enseña, y una y otra vez captarás los tonos de la alegría. Todo el tiempo estaba diciendo: "A menos que ustedes cambien y se vuelvan como niños, no entrarán en el reino de los cielos"; ¿y qué había en el niño pequeño que le atraía? Una cosa que le atraía era el corazón alegre del niño. ¿Qué haríamos en este mundo sin los niños que se ríen alejando las preocupaciones y los suspiros? ¿Has escuchado alguna vez sus risas en las calles mientras el cortejo fúnebre pasaba? ¿Ha visto alguna vez a un niño pequeño con la cara radiante en el centro de una habitación en la que había un ataúd alrededor del cual se reunían hombres y mujeres con el corazón destrozado? Mira a ese niño en el centro de la habitación de la muerte: esa es la del cristiano en medio de las sombras de este mundo oscurecido.

O escucha de nuevo lo que Jesús dice sobre la preocupación. La define como uno de los pecados más mortales. No debemos preocuparnos por el presente, por las necesidades de la existencia, por la mañana, por lo que debemos hacer o decir en las grandes crisis que nos esperan. No es correcto, dice; es contrario a la ley de Dios. Mira la naturaleza: observa los lirios y los pájaros. No hay ni rastro de preocupación en todo el bello rostro de la naturaleza. Escucha de nuevo a las exhortaciones que da a sus discípulos. Les dice que cuando la gente les persiga y hable todo tipo de maldad contra ellos falsamente, deben alegrarse y regocijarse en extremo. La traducción española no hace justicia al griego. Dice: "Alégrense y salten de gozo", o, en otras palabras, dejen que su alegría se haga visible. Cuando las cosas están en su peor momento, entonces debes tener esa alegría que brota y salta de júbilo. Ciertamente, un hombre de corazón triste nunca podría dar un consejo así.

Escúchalo de nuevo cuando dice a las grandes multitudes: "Vengan a mí todos ustedes que están cansados y agobiados; yo les daré descanso... porque mi yugo es suave y mi carga es liviana" (Mateo 11:28,

> **Jesús dice que es un novio. Se apropió de una palabra que es el símbolo de la alegría humana.**

30). Un profeta de rostro abatido nunca podría hablar así. Se alegró incluso hasta el final. Incluso en el aposento alto, con la muerte a solo unas horas de distancia, siguió hablando de la alegría que hierve en lo más profundo de su corazón y ora para que esa misma abunde en los corazones de los que le aman. Les dice a sus discípulos que toda su enseñanza les ha sido dada por el deseo que él tiene de que su alegría permanezca en ellos y que su gozo sea pleno. No había sombra sobre su rostro aquella noche en el aposento alto. La cruz está cerca, pero no proyecta ninguna sombra.

¡Jesús se rio!

Pero ¿no dice el Nuevo Testamento que Jesús lloró? Sí que lo dice. ¿Acaso el Nuevo Testamento dice alguna vez que Jesús se rio? No. ¿Debemos inferir, por tanto, que Jesús lloraba con frecuencia y nunca reía? La inferencia carece de fundamento. ¿Por qué dice el Nuevo Testamento que Jesús lloró? Probablemente porque era algo excepcional. Es lo excepcional lo que se deja por escrito. Por ejemplo, miles de personas caminan por las calles de la Ciudad de México, pero si una de ellas se cae y se rompe una pierna, eso se deja registrado. No se presta atención a los miles que no sufren ningún accidente.

Jesús reía con tanta frecuencia que no valía la pena llamar la atención sobre ello. Lloraba tan raras veces que cuando lo hacía, causaba desconcierto entre los discípulos. Juan nunca pudo olvidarlo. Recordó el día ante la tumba de Lázaro cuando María lloraba y su hermana y todos los parientes y amigos, y fue entonces cuando Jesús lloró, tan tierno y compasivo era que no pudo contener su dolor: aquel gran hombre fuerte, radiante y exuberante lloró. Juan dice que el mundo entero no podría contener los libros que se podrían escribir si fuera a poner por escrito todas las cosas que Jesús dijo e hizo. Pondrá en segundo plano un millón de cosas para hacer espacio a ese único hecho sorprendente de que, ante la tumba de Lázaro, Jesús lloró. La oración, en lugar de demostrar que Jesús era alguien llorón y melancólico, da un testimonio elocuente de que Jesús era entusiasta y jubiloso.

Un cristiano debe entonces, si quiere seguir a Jesús, ser alegre y jubiloso. Puede que te sientas tentado a decir que los cristianos tristes y amargados no son cristianos en absoluto. Eso es probablemente demasiado severo. Sería más correcto decir que no son cristianos desarrollados, cristianos maduros o madurados en su fe. Las manzanas más exquisitas, como sabes, en las primeras etapas de su crecimiento son agrias y verdes. No es hasta que el sol ha hecho su trabajo perfecto que brillan con un tono dorado y son deliciosas. Lo mismo sucede con las almas en las primeras etapas de su desarrollo: con frecuencia son agrias, malhumoradas y están verdes, llenas de amargura. Pero si tan solo se someten al resplandor del sol, el majestuoso Sol alegre, exuberante y risueño, todos los jugos de su naturaleza se dulcificarán y suavizarán, se encontrarán por fin en el reino de la paz y la alegría.

La tragedia de este mundo es que exista en él tanta gente a la que le resulte imposible alegrarse. ¿Qué les pasa que no son más felices de lo que son? Sin duda, ¡algo va mal! ¡Qué pena es vivir en un mundo como este y no disfrutar de la vida! ¡Es increíble que alguien viva en un universo tan glorioso y no tenga ganas de gritar! Si eres alguien llorón y desanimado, es porque algo va mal. No estás bien de cuerpo o de mente, o puede que estés enfermo de ambos. Aún no has aprendido el supremo arte de vivir; aún no has acudido a Jesús. ¿Por qué no vienes y te sientas a sus pies? ¿Por qué no cargas con su yugo y aprendes de él, pues su yugo es suave y su carga liviana?

14

"Soy apacible y humilde de corazón".

Mateo 11:29

LA HUMILDAD
DE JESÚS

Comencemos con ese maravilloso versículo de Mateo 11: "Vengan a mí todos ustedes que están cansados y agobiados; yo les daré descanso. Carguen con mi yugo y aprendan de mí, pues yo soy apacible y humilde de corazón, y encontrarán descanso para sus almas. Porque mi yugo es suave y mi carga es liviana" (vv. 28-30). Esa frase es única en los Evangelios. No hay nada que se parezca. Es un trozo de autobiografía inconmensurablemente precioso. En ninguna parte consta que Jesús dijera: "Vengan a mí, porque soy paciente ... porque soy valiente ... porque soy abnegado"; pero aquí, por primera vez, llama la atención sobre una de sus características. Ha permitido que otros hombres llamen la atención sobre esta virtud o aquella cualidad, pero él mismo sacará a relucir el hecho de que es humilde. En este punto toma el pincel en su propia mano, diciendo: Pondré este color sobre mí mismo.

Tan inusual es la frase que algunos se han escandalizado por ella. Han declarado que nunca la dijo, que no es propio de él, que no podía decirlo, que, si la dijo, revela un defecto en su carácter. Ellos nos dicen que uno no puede elogiarse a sí mismo, que siempre es impropio de una persona cantar sus propias alabanzas. Todo ello puede ser cierto, pero esta es una pregunta justa: ¿Es correcto que uno se describa alguna vez a sí mismo? ¿Es adecuado que uno dé una razón por la que los demás deberían acudir a él y tomar lecciones de él? Yo creo que sí lo es. Y eso es lo que hace Jesús en este caso. Dice: "Vengan a mí. Tengo algo que enseñarles; me gustaría enseñarles humildad.

La definición del mundo frente a la de Dios

Posiblemente ninguna otra virtud del catálogo de virtudes cristianas sea tan malinterpretada como esta. Ninguna otra ha sido tan frecuentemente mal entendida; ninguna otra cualidad ha sido tan persistentemente falsificada y ridiculizada. ¿Qué entendemos por la humildad? Si hubieras hecho esa pregunta en las calles de la antigua Atenas, los ciudadanos te habrían dicho que la humildad es algo despreciable; una actitud cobarde, servil, humillante; una bajeza de espíritu; es algo ruin y egoísta; es una característica de los esclavos. Si un griego hubiera llamado humilde a otro griego, este se habría sentido insultado por el epíteto. En todo el mundo pagano no existía una virtud conocida como humildad. La humildad era siempre y en todas partes un defecto, una imperfección, un vicio.

Pero ¿qué entendemos por humildad? La pregunta no tiene una respuesta tan fácil como podría parecer. La humildad es una virtud cristiana; todo el mundo dice que lo es. Sabemos que Jesús era humilde. Sabemos también que exige humildad de nosotros. Sabemos que tomó la antigua palabra y la limpió y la convirtió en una palabra hermosa, y, sin embargo, cuando se nos pide que definamos el significado, qué

> Ciertamente la humildad en los labios de Jesús no significa subestimar las propias capacidades.

difícil es hacerlo. Una persona dice que es tener baja estima de los méritos propios; otra dice que es rebajarse a sí mismo. Otro dice que es un sentimiento de inferioridad en presencia de los demás. Otro dice que es una conciencia de imperfección, o de no merecer nada bueno. Otro dice que es blandura, pasividad, disposición a someterse sin resistencia.

Todas estas definiciones se demuestran erróneas en el momento en que las trasladamos al ambiente del Nuevo Testamento. La humildad que Jesús exige a quienes lo siguen es la que él mismo tenía, y ciertamente su humildad no era una bajeza de espíritu. No había nada de servilismo ni de rebajarse indignamente en él. ¿Cuándo ha caminado por la tierra un hombre que mantuviera la frente en alto como él? ¿Cuándo ha conocido el mundo a un hombre de espíritu tan excelso y majestuoso? Tampoco tenía una baja opinión de sí mismo. Por otra parte, ningún hombre se estimó a sí mismo tan alto. Escúchale decir a la asombrada multitud: "Ustedes han oído que se dijo... pero yo digo", poniéndose así más alto que Moisés. Escúchalo mientras dice: "Aquí tienen ustedes a uno más importante que Salomón" (Lucas 11:31); "Yo soy el buen pastor" (Juan 10:14); "Yo soy la luz del mundo" (Juan 8:12); "Yo soy el camino, la verdad y la vida" (Juan 14:6); "Yo soy de allá arriba" (Juan 8:23); "Nadie conoce al Padre, sino el Hijo" (Mateo 11:27); "Nadie llega al Padre sino por mí" (Juan 14:6); "Yo, cuando sea levantado [...], atraeré a todos a mí mismo" (Juan 12:32 RVA). Ciertamente la humildad en los labios de Jesús no significa subestimar las propias capacidades. Acerquémonos, pues, a él para comprender lo que quiere decir cuando afirma: "Soy apacible y humilde de corazón".

Un corazón de niño

Jesús dio a sus discípulos tres grandes lecciones sobre el tema de la humildad, y a ellas invito tu atención. Encontrarás la primera de ellas registrada en Mateo 18:1-4. En cierta ocasión, Jesús toma a un niño pequeño y, poniéndolo en medio, les dice: "Les aseguro que a menos que ustedes cambien y se vuelvan como niños, no entrarán en el reino de los cielos. Por tanto, el que se humilla como este niño será el más grande en el reino de los cielos".

Las palabras se nos han repetido con tanta frecuencia que ya no sorprenden al corazón. Esta es una de las grandes escenas de la historia del mundo, una de las escenas originales. Nunca se conoció nada igual en la historia de Asiria, ni de Babilonia, ni de Egipto, ni de Persia, ni de Grecia ni de Roma. Es única, absolutamente original. "El que se humilla como este"; ¿y cuál es la característica suprema de un niño pequeño? Es la facilidad de aprendizaje, la docilidad, la voluntad de aprender. Un niño está ávido de conocimiento; siempre está haciendo preguntas; siempre está deseoso de explorar y comprender; se interesa por todo. Quiere ir a las raíces de todo. Siempre quiere que le cuentes una historia más; agotaría a media docena de personas adultas solo con sus preguntas, tan hambriento está de conocimiento. Esta capacidad de ser enseñado es humildad.

No solo está libre de la autosuficiencia, sino también de la vanidad. Un niño pequeño no se vanagloria de las pertenencias de sus padres. No le importan los diamantes ni las sedas, ni la casa de lujo ni los vehículos. Se divierte tranquilamente jugando con un niño de la calle cuyos padres no tienen carruajes y que son demasiado pobres para poseer diamantes. Libre de vanidad, tampoco tiene noción de la ambición, ni de las pretensiones sociales. Coloca ante él a la reina de Inglaterra y a su propia madre, y él elige a su madre, aunque no sea más que una lavandera: así de sencillo, así de humano, así de hermoso es el corazón de un niño. Es esta característica del corazón infantil lo que Jesús ama.

Fue porque los fariseos carecían de esto por lo que los criticó y condenó. No tenían la disposición de ser enseñados; lo sabían todo. Nadie podía decirles nada. Eran vanidosos; tocaban trompetas y llamaban la atención sobre sus adornos. Les encantaba ser

> **No puede vivir sin la oración. La oración es el lenguaje de la humildad.**

saludados. Eran ambiciosos; siempre procuraban adelantarse a los demás, ocupando los lugares principales en las fiestas. No podía hacer nada con ellos porque no eran humildes.

Jesús, en cambio, tenía el corazón de un niño. Las evangelistas no nos hablan de los doce primeros años de su vida, pero en la imaginación podemos verlo sentado a los pies de su madre bebiendo el conocimiento de sus labios. Podemos verle en la escuelita de Nazaret, estudiando, hambriento de conocimiento. Tenemos un atisbo de él a la edad de doce años, tan hambriento de conocimiento que no volverá a casa, pero se queda atrás para hacer una pregunta más a los grandes maestros del templo. Siempre fue enseñable. No hay en él ni rastro de arrogancia, ni espíritu de presunción. Está constantemente hablando con Dios, haciéndole preguntas, orando para obtener nueva luz. No puede vivir sin la oración. La oración es el lenguaje de la humildad. Cuando decimos que Jesús era un hombre de oración, decimos que era apacible y humilde de corazón.

El humilde servidor

Pasemos ahora a Mateo 20:25-28. Sus discípulos, a pesar de todas sus exhortaciones y enseñanzas, están dominados por un espíritu de ambición. Todos quieren ser los primeros. Anhelan posiciones superiores. Dos de ellos piden puestos principales en su reino. Él dice no puede acceder a su petición. Cuando los otros diez apóstoles se enteraron de la solicitud que habían hecho esos dos, se indignaron. Esto se debía a que ellos mismos eran ambiciosos y querían ocupar tales puestos ellos mismos. Jesús llama a los Doce a su alrededor y les dice: "Como ustedes saben, los gobernantes de las naciones oprimen al pueblo y los altos oficiales abusan de su autoridad. Pero entre ustedes no debe ser así. Al contrario, el que quiera hacerse grande entre ustedes deberá ser su servidor". Aquí tenemos otro aspecto de la gracia de la humildad. No se trata únicamente de estar dispuesto a ser enseñado, y estar libre de la vanidad y la ambición, sino también de tener la voluntad de servir.

Una persona humilde es una que está siempre dispuesta a servir. Una persona de espíritu humilde es una que ayudará a sus hermanos, y aquí de nuevo Jesús en sustancia dice: "Vengan a mí ... pues soy apacible y humilde de corazón. El que quiera ser el primero entre ustedes, que sea su servidor, como el Hijo del Hombre no vino a ser servido, sino a servir, y a dar su vida en rescate por muchos". ¿No pinta esto el cuadro de su vida? Como un apóstol inspirado dijo: "Anduvo haciendo el bien". Nunca trató a la gente con aires de superioridad ni la menospreció. No se buscó de hacerse un nombre ni conservar reputación, con tal de poder ayudar a los que lo necesitaban. No subestimó sus capacidades, ni se hizo menos, ni se sintió sin valor; simplemente bajó hasta donde estaban los seres humanos para hacerles el bien. Esa es la humildad cristiana.

Deleitarse en un lugar inferior

La tercera lección de humildad se la dio a sus discípulos la misma noche de su traición, en el aposento alto. Encontrarás el incidente registrado en Juan 13. Los discípulos están todavía llenos de un espíritu ambicioso. Todavía no han aprendido la alegría de servir, pues todos tienen el corazón irritado porque no han conseguido los puestos que deseaban, y Jesús, no dispuesto a permitir que el banquete continuara, se levanta de la mesa, y tomando una palangana y ciñéndose una toalla, procede a limpiar el polvo de los pies de los discípulos. Conociendo su torpeza de comprensión, pasa a explicarles el significado de su acción, diciéndoles que, al igual que él ha estado dispuesto a hacer el trabajo de un esclavo para servirles a ellos, así también ellos deben estar dispuestos a servirse unos a otros.

Aquí, de nuevo, vemos lo que es realmente la humildad. Es renunciar a la propia reputación; es estar dispuesto a humillarse; es deleitarse en servir a los demás. ¿Y por qué fue Jesús capaz de hacer esto? Juan da la explicación en las maravillosas palabras: "Sabía Jesús... que había salido de Dios y a él volvía" (Juan 13:3). No fue porque tuviera una baja opinión de sí mismo, ni porque deseara rebajarse; fue porque conocía su origen divino y su destino divino y era consciente de su elevada posición por lo que estuvo dispuesto a tomar la palangana y la toalla y hacer el trabajo de un esclavo. Este es el secreto de la humildad en todas partes y en todo momento. Una persona nunca es humilde si no es acercándose a Dios. Solo aquel que está seguro de Dios posee el secreto de la humildad.

Una definición renovada

Cuánto se aleja la humildad cristiana de la miserable caricatura de humildad de la que hemos visto más que suficiente. Gran parte de la llamada humildad del mundo no es humildad en absoluto. Es una cosa repulsiva, rastrera, despreciable, engañosa, una mezcla de vanidad y falsedad. Las personas que dicen que no valen nada, que no pueden hacer nada, nunca dicen la verdad. No intentan decir la verdad; saben que no dicen la verdad. Es su egoísmo el que se disfraza bajo la forma de humildad. No hay forma más frívola de vanidad que esa vanidad que se hace pasar por humildad.

La humildad que Jesús quiere, y que ejemplificó en su vida, es una forma de fortaleza. Solo la persona fuerte puede ser realmente humilde. Es estar dispuesto a renunciar a los propios derechos; es negarse a utilizar el propio poder; es estar dispuesto a humillarse y a renunciar a toda reputación. Jesús siempre renunciaba a sus derechos; siempre se negaba a utilizar su poder. En repetidas ocasiones tuvo la oportunidad de vengarse de sus enemigos, pero no lo hizo porque era muy humilde. A pesar de su posición exaltada, Pablo recuerda a sus convertidos filipenses que Jesús "se humilló a sí mismo y se hizo obediente hasta la muerte, ¡y muerte de cruz! Por eso Dios lo exaltó hasta lo sumo y le otorgó el nombre [...] para que ante el nombre de Jesús se doble toda rodilla [...] y toda lengua confiese que Jesucristo es el Señor" (Filipenses 2:7-11).

15

No acabará de romper la caña quebrada.

MATEO 12:20

LA PACIENCIA
DE JESÚS

Las palabras son a veces como las estrellas. Tú ves una estrella que brilla en el cielo, y a tus ojos es una sola estrella. El astrónomo trae entonces su telescopio y para tu asombro no es una sola estrella sino una estrella doble, dos soles ardientes unidos para producir ese punto brillante de luz en el firmamento azul. Del mismo modo hay palabras que brillan como estrellas en la firmeza del habla, parecen estrellas únicas hasta que las sometemos al escrutinio, cuando descubrimos que dos significados arden dentro de los límites de su estrecha sílaba.

La palabra "paciencia" no es una estrella simple, sino doble. En primer lugar, significa "esperar con calma algo que se espera". En este sentido, incluso los animales están dotados de la virtud de la paciencia. Mira al gato observando hora tras hora, esperando la aparición de una rata. Apenas mueve un pelo y apenas guiña un ojo, aguardando con calma ese feliz momento en que aparecerá su víctima. Y precisamente esa virtud de la espera imperturbable es una de las grandes virtudes del alma humana. Las personas la poseen en mayor o menor grado, y a veces, alcanza el nivel del genio.

Pero este sentido no agota el significado de la paciencia. Veamos a una mujer atormentada por la enfermedad. Ha sido una inválida durante años, y en todo este, nunca ha llorado en voz alta, nunca se ha quejado y nunca se ha rebelado contra su destino. Aquí, en efecto, tenemos algo diferente de lo que tuvimos en los casos precedentes, y, sin embargo, a esto lo llamamos paciencia, y miramos a la mujer con admiración, casi con sobrecogimiento, diciendo: "Nunca vi tanta paciencia en toda mi vida". O mira a un hombre a la cabeza de un gran movimiento de reforma. Se esfuerza por llevar a cabo algún cambio poderoso en la iglesia, en el Estado o en la sociedad, y encuentra oposición a cada paso. Durante un tiempo logra avanzar, pero luego el camino se bloquea. Los enemigos se multiplican; los amigos le abandonan; los corazones se enfrían. Se le malinterpreta, se le tergiversa, se le difama y se le odia, pero, a pesar de todo, sigue adelante con valentía, sin amargarse por la oposición, sin desanimarse por los insultos, sin quejarse nunca, siempre esperanzado, soportando el rechazo, el reproche y la crítica sin un quejido ni una protesta. Aquí también está la paciencia. ¿Qué es aquí la paciencia? Es "el soportar la tribulación sin quejarse".

Estas son, pues, las dos ideas que se agolpan dentro de los límites de nuestra palabra "paciencia". En primer lugar, es la espera tranquila de algo que se desea; en segundo lugar, es la serena resistencia al dolor y los problemas. Es una disposición del alma, un temperamento que aguanta, espera, resiste. Una persona puede tener un tipo de paciencia y no el otro. Si quieres contemplar la paciencia en sus dos formas, elevada a su máxima expresión sin defecto ni falla, la encontrarás en Jesús de Nazaret.

Paciente durante los primeros años

Si paciencia significa la espera tranquila de algo que se desea, entonces Jesús la tuvo en grado superlativo. ¿Alguna vez hubo espera como la suya? Esperó en un pueblecito rural de Galilea durante treinta años antes de emprender la que sentía que Dios le había encomendado. No siempre nos detenemos a preguntarnos cuánto le habrá costado esto. Piensa en lo que el retraso debió de significar para Jesús. ¡Cómo debió hervirle la sangre en la pequeña y adormecida Nazaret mientras soñaba con las cosas poderosas que debían hacerse y que él sentía que podía hacer en el gran campo de batalla! Mientras veía pasar a un hombre tras otro que buscaba alcanzar éxito y renombre, su alma debió de sentirse inquieta en lo profundo. Él también debió sentir en su interior arder el deseo de seguir adelante con prisa. Piensa en cuál era su sueño y comprenderás cómo ese anhelo debió impulsarlo con tal fuerza desde adentro y hacer que los años parecieran interminables en la adormecida y monótona Nazaret. Pero esperó. A los veintiún años dijo: *Todavía no.* A los veinticinco: *Todavía no.* A los veintiocho: *Todavía no.* Es en los veinte años cuando la sangre está más caliente y el alma más ansiosa por seguir adelante. Durante todos los ardientes años de juventud, Jesús esperó en Nazaret. No fue hasta los treinta años cuando se dijo a sí mismo: *Ha llegado el momento.*

Un hombre a los treinta años está a más de un tercio del camino de la vida, y como Jesús tiene tanto que hacer, ciertamente ahora que ha sido bautizado, se lanzará a su obra con prontitud e impulsará sus proyectos con tal energía que dejará perplejos a sus contemporáneos. Pero no es así. Él meditará con calma sobre las mejores formas de ayudar a la gente de su día y su generación. Los líderes del

> **Exigía mucho de sus discípulos, pero no lo exigía todo de una vez.**

pueblo buscaban un hombre que imitaría los métodos de quienes hasta entonces habían demostrado ser dueños de los destinos de las naciones. Jesús escuchó estas voces; venían de todas direcciones, retumbando en sus oídos. En su imaginación se vio a sí mismo en la cima de una elevada montaña con los reinos del mundo extendidos ante él, a sus pies. Vio cómo podría tomar posesión de ellos adoptando los métodos empleados por quienes habían vivido antes de su tiempo.

Pero tras considerar toda la situación, dijo: "No, no haré lo que otros han hecho; elegiré el camino lento y laborioso. No elegiré el atajo, lo resolveré con paciencia. No empujaré al mundo; lo atraeré. No someteré al mundo con métodos militares; lo curaré con la compasión de los corazones humanos". Con esta convicción firmemente establecida en su alma, comenzó su ministerio en Galilea. Para los hombres que estaban a su alrededor, siempre parecía lento. "¿Por qué no sigues adelante? ¿por qué no te das prisa? ¿por qué no haces que las cosas sucedan? ¿Por qué no dices todo lo que va a decir? ¿Por qué no haces todo lo que vas a hacer? ¿Por qué no lo haces ahora?" Esas eran las preguntas que le lanzaban amigos y enemigos a lo largo del camino. Pero cuando le presionaban a que se diera prisa, su respuesta fue: "¿Acaso el día no tiene doce horas?" (Juan 11:9) o "Todavía no ha llegado mi hora" (Juan 2:4). Y en lugar de encender toda la tierra, parecía esforzarse por reprimirse a sí mismo, contener a sus discípulos, evitar que su nombre alcanzara la gloria. Cuando curaba a los enfermos, les decía: "No se lo digan a nadie".

Cuando sus discípulos lo vieron todo radiante en la montaña, les advirtió que no contaran nada. El resultado fue que, al final de su vida, solo había hecho ciento veinte discípulos. ¡Qué lamentable resultado para una vida tan ardua, para un trabajo tan extenuante e incesante! Pero la visión de los ciento veinte no lo desanimó. Murió con satisfacción en su corazón. "¡Anímense! Yo he vencido al mundo" (Juan 16:33 RVA). ¿Cuándo? No en ese momento. Sin embargo, tiene el tono de la victoria en su voz, sabiendo que, a pesar de todos los obstáculos, retrasos y retrocesos, el resultado es absolutamente seguro. Ante Poncio Pilato, el procurador romano, dice: "Para esto nací y para esto vine al mundo: para dar testimonio de la verdad" (Juan 18:37). Cumplió su obra y murió. El progreso ha sido lento, pero su corazón paciente permanece en paz.

Paciente con enemigos y amigos

Pero esto no agota la paciencia de Jesús. El camino de un reformador nunca es llano, y el que recorrió Jesús fue el más espinoso que jamás hayan recorrido pies humanos. Fue una verdad literal que vino a los suyos y los suyos no le recibieron, que la luz brilló en las tinieblas, pero las tinieblas no la comprendieron. Con un amor que hacía brillar su corazón, llamó a la puerta en Jerusalén, pero los hombres que estaban a cargo de la puerta se negaron a abrirla. Llamó a la puerta en Nazaret, y la puerta se abrió y luego se cerró en sus narices. Viajó por toda Galilea, y en una ciudad tras otra encontró rechazo; pero nunca se desanimó; nunca se quejó.

Este Hombre de Galilea lo que más conoció fue la incomprensión, la ingratitud, la crítica y el maltrato; nunca se quejó y, al final del día, era tan dulce como al amanecer. Mucho antes de que viniera, alguien había dicho que cuando llegara el hombre supremo, se sometería a la tribulación sin quejarse. Cuando la gente contempló a este Hombre de Galilea, recordaron la gran frase del profeta: "Como oveja que enmudece ante su trasquilador, ni siquiera abrió su boca" (Isaías 53:7).

Y si Jesús fue paciente con sus enemigos, lo fue igualmente con sus amigos; y probablemente sus amigos le causaron un dolor no menor que sus enemigos. Sus amigos no le comprendían. Su propia madre y sus hermanos no le mostraron empatía. Los discípulos a los que se entregó con una devoción que nunca ha sido igualada fallaban constantemente en captar la importancia de las cosas que les decía. Eran lentos y estúpidos, mezquinos y egoístas, incapaces de asimilar las grandes cosas que tenía que decir; pero él fue paciente con ellos.

Incluso en la última noche de su vida terrenal, cuando se reunió con sus discípulos en una casa privada de Jerusalén para tener una última charla con ellos, se peleaban entre sí por sus lugares en la mesa. Pero incluso esto no provoca en él más que una afectuosa reprimenda. Simplemente toma una palangana con agua y realiza el trabajo que ordinariamente realizaban los esclavos, enjuagando el polvo de sus pies descalzos, enseñando con este acto lo que había estado tratando de enseñarles desde el principio: que el que quiera ser el más grande debe ser el servidor de todos.

Hay una hermosa cita en el Antiguo Testamento que el apóstol Mateo ha puesto en el centro de su Evangelio, arrojando un torrente de luz sobre la impresión que Jesús causó en los que más cerca estuvieron de él. Después de haber desaparecido de su vista, la belleza de su carácter surgió ante ellos como nunca habían podido verla en los días de su humillación, y entre los bellos retratos que los hombres de las generaciones precedentes habían esbozado de un carácter, Mateo consideró que ninguna retrataba más plenamente a Jesús de Nazaret que esta: "No acabará de romper la caña quebrada ni apagará la mecha que apenas arde" (Isaías 42:3). Este era su temperamento tanto si trataba con enemigos como con amigos.

Exigía mucho de sus discípulos, pero no lo exigía todo de una vez. Seguía diciendo que, si alguien tiene, aunque sea un poco de fe, incluso tan pequeña como un grano de mostaza, tiene suficiente para empezar, y por medio de ella podrá hacer maravillas. Las grandes personas han sido con frecuencia notoriamente impacientes con sus hermanos más débiles e incompetentes; fuertes ellas mismas, no podían mostrar empatía hacia la debilidad; claras en sus propias concepciones, no podían soportar la estupidez de los que se debatían entre la niebla y la confusión. La caña quebrada no les servía; la mecha humeante la despreciaban y la apagaban.

Pero el paciente Hombre de Galilea tenía un temperamento totalmente diferente. Podía mostrar empatía hacia la debilidad; era considerado con la torpeza mental; tenía una paciencia infinita en presencia de torpeza moral. No quebraba ni siquiera una caña quebrada, y a una mecha humeante le devolvía la llama.

Visión a largo plazo

Y desde que Jesús vivió y enseñó, a las personas les ha gustado pensar que Dios es paciente. Para todo seguidor de Jesús, el Todopoderoso es un Dios sufrido. Tiene planes inmensos que se extienden a lo largo de los siglos, y está dispuesto a esperar a que se cumplan. La gente ve a su alrededor la aflicción y el caos, el sufrimiento y la tragedia, y dicen: "¿Cómo pudo Dios hacer un mundo así? ¿Cómo puede soportar que pasen estas cosas?". No comprenden que él es paciente, infinitamente paciente, y está dispuesto a esperar hasta que los corazones humanos se rindan y, mediante su obediencia, pongan fin a la larga y amarga noche. No solo espera, sino que también recibe afrentas de nuestras manos sin estallar en ira ni consumirnos. Podemos ser desagradecidos, insolentes, irreverentes, rebeldes; podemos negarnos a las cosas que él nos pide y persistir en hacer las que son contrarias a su voluntad; podemos herirnos a nosotros mismos y herir a los demás; sin embargo, él no nos fulminará. Nos dará un día más, y aún otro, diciendo: "Tal vez mañana ocurra un arrepentimiento del pecado y el hijo pródigo regrese a casa".

16

"No temas".

LUCAS 5:10

EL CORAJE
DE JESÚS

Quien habla de valor, está hablando de un tema vivo. Es una virtud que todo el mundo ha admirado desde el principio. Nunca ha habido una nación que no admirara a los valientes. Cuando tratamos, por tanto, de la valentía, estamos tratando con una virtud que no es propia de una sola cultura o nación raza, ni es exclusiva de una generación determinada, ni es considerada una virtud por solo una religión. Es uno de los temperamentos elementales del espíritu humano, una de las piedras angulares de la gran estructura del carácter.

Cuando llegamos, por tanto, al estudio del hombre ideal, podríamos encontrarlo dándonos una maravillosa exhibición de coraje. Y esto es, en efecto, lo que hallamos: en Jesús de Nazaret encontramos valentía en su máxima expresión, coraje en el punto más alto, heroísmo en su plenitud.

Coraje cotidiano

Hay diferentes tipos de coraje. Hay uno que podemos llamar físico. Corre por la sangre; es una especie de instinto. Este tipo de coraje no es exclusivo del ser humano; también lo poseen los animales. El bulldog lo tiene, y también la comadreja. Lo posee las personas en todas las etapas de su desarrollo. Es una aversión al peligro, un desprecio por el sufrimiento y por la muerte. Pero la valentía de Jesús no fue esto, sino que lo suyo fue la valentía de la mente, el heroísmo del corazón. Fue algo reflexivo y razonado. Calculó el costo con plena conciencia y lo pagó.

Su valentía tampoco era militar. El coraje militar es la más común de todas las formas de coraje en el mundo, y una de las más tempranamente desarrolladas. La valentía militar es la que tiene el soldado en el momento de la batalla. En tiempo de batalla, los soldados se mueven en masa; el propio ímpetu del momento los empuja a avanzar hacia adelante. El coraje de nuestro Señor no era militar; era el coraje que se manifestaba en la soledad. No había nadie que marchara con él. Marchó solo.

También existe algo llamado coraje ocasional: el coraje que nace en el calor del momento, arrancado del corazón por algún desastre sobrecogedor. Es el coraje que vemos desplegar en tiempos de un gran incendio, de una gran inundación, o de un gran naufragio en el mar. Este valor es ciertamente sublime, pero no es igual al coraje del alma en reposo. El desastre calienta la sangre y enciende un fuego en la mente que facilita que el alma se atreva a grandes cosas; pero el coraje de Jesús de Nazaret era el coraje de los días tranquilos y cotidianos, un coraje que tenía que manifestarse hora tras hora a lo largo del polvoriento camino cuando no había nada que encendiera la sangre ni elevara la mente hasta estados de ánimo sublimes.

Coraje a través de la alienación

Si tuvieras que pintar a Jesús como un héroe, ¿en qué situación lo dibujarías? ¿Pensarías en él en aquel gran día en que purificó el templo, echando fuera al ganado, volcando las mesas de los cambistas, diciendo a los vendedores de palomas: "¡Saquen esto de aquí!" (Juan 2:16)? ¿Lo pintarías tal como apareció cuando en las calles de Jerusalén se levantó y se enfrentó a sus enemigos implacables, los escribas y fariseos, y les lanzó frases que, a la distancia de dos mil años, todavía resuenan como rayos? ¿O lo pintarías tal como salió del Jardín de Getsemaní y dejó atónitos a la banda de hombres que han venido a detenerlo diciendo: "Es a mí a quien buscan"? ¿O te lo imaginarías yendo al Gólgota diciendo a las mujeres que se lamentaban por su destino: "No lloren por mí; lloren más bien por ustedes y por sus hijos" (Lucas 23:28)? Todas estas situaciones, lo admito, son gráficas e impactantes. Todo lector del Nuevo Testamento las capta y las retiene para siempre en su memoria. En cada una de ellas vemos el heroísmo en una forma elevada y encantadora, pero estas no son las escenas a las que llamo tu atención en este momento.

Si me pidieran que les diera una ilustración de la valentía del corazón de Jesús, los llevaría en primer lugar a Nazaret, a aquel día en que, por primera vez, anunció su misión a los hombres y mujeres que le conocían desde su infancia. Era necesario que dijera cosas que ofenderían, y las dijo. Debía predicar la verdad, pero no podía predicar la verdad sin desafiar los prejuicios firmemente arraigados de estas personas. Sin embargo, siguió adelante con calma y predicó la verdad. Alejar los corazones de quienes nos han conocido y estimado durante muchos años, renunciar al respeto, la simpatía y el amor de aquellos en cuya amistad hemos encontrado consuelo y alegría, es realmente difícil. Y eso es lo que hizo Jesús aquel terrible día en Nazaret.

> **Lo suyo fue la valentía de la mente, el heroísmo del corazón. Fue algo reflexivo y razonado. Calculó el costo con plena conciencia y lo pagó.**

Por el simple hecho de decir la verdad, se distanció de las mentes y los corazones de la gente entre la que había crecido hasta la madurez y cuya alta estima había sido uno de los más valiosos de todos sus tesoros terrenales.

Fue un hombre valiente aquel día, e igualmente valiente fue en las calles de Cafarnaúm cuando habló a aquella multitud de cinco mil hombres a los que acababa de alimentar previamente en el desierto. Vino al mundo para dar testimonio de la verdad, pero la gente no estaba dispuesta a recibirlo. Al principio de su discurso, todo el mundo estaba entusiasmado, pero a medida que hablaba, la gran multitud comenzó a dispersarse. Los cinco mil disminuyeron a tres mil; los tres mil se redujeron a dos mil; los dos mil se convirtieron en mil; los mil cayeron a quinientos; los quinientos a cien; los cien a cincuenta; los cincuenta a veinticinco; y estos al fin se convirtieron en veinte; los veinte se redujeron a quince; y al fin, solo doce hombres permanecieron junto a él, y estos doce tenían rostros tan abatidos y titubeantes que él les dijo: "¿También ustedes quieren marcharse?" (Juan 6:67). ¿Qué hay más duro en este mundo que eso? Un maestro religioso encuentra su alegría en los oídos y los corazones de quienes le escuchan. Conservar su atención, enseñarles, inspirarles: esa es en verdad su gloria, su todo. Pero enseñar la verdad y seguir enseñándola, aunque la congregación disminuya cada vez más y más, eso exige la expresión del más alto temple del alma. Fue justo ese tipo de coraje el que tuvo Jesús. Y ese coraje que demostró en Cafarnaúm se manifestó en todas partes.

No es cosa fácil ofender a la sociedad y ofenderla de tal manera que uno pierda su posición y reputación. La gente de la época de Jesús era muy exigente con las formas de ayunar. Jesús restó su importancia. Eran sumamente escrupulosos con respecto a las leyes sabáticas. Jesús no podía cumplirlas; no creía en su cumplimiento. Eran escrupulosos con respecto al número de veces que se lavaban las manos antes de sentarse a comer. Jesús no tenía tiempo para ritualismos sin sentido. Los mejores de su día dividían las cosas en limpias y no limpias, a las personas en limpias e impuras; Jesús no podía prestar atención a esas distinciones. Todos eran sus hermanos, y por eso se relacionó con personas que habían perdido la posición. Al hacerlo, perdió su propia reputación. Fue en contra de los usos establecidos de la mejor sociedad de su época; pisoteó convencionalismos que se consideraban sagrados como la ley del Eterno. Y el resultado fue objeto de sospechas, rechazo y odio.

Pero hizo aún más que esto: renunció a la buena opinión que mucha gente se había formado de él. Cuando apareció por primera vez, el aire se llenó de aplausos; la gente le consideraba el Mesías prometido. La tierra ardía de entusiasmo.

La gente tenía ciertos ideales, y Jesús no podía formarse a ellos. Tenían ideas preconcebidas, y Jesús no pudo cumplir con sus expectativas. Arrojó agua fría sobre estos fuegos de entusiasmo, y se apagaron poco a poco hasta que al final no quedó más que una gran extensión de cenizas humeantes; y permaneció de pie en medio de las cenizas como el más olvidado y odiado de los hombres. Requiere un valor tremendo para dejar a un lado la propia reputación y también para renunciar a la dicha del aplauso popular. Pero él hizo algo más valiente aún que esto: renunció a la buena opinión de las mejores personas de su época. Era respetuoso, piadoso y de gran sensibilidad, pero había ciertas cosas que era necesario que dijera porque eran cosas verdaderas, y las dijo. Al decirlas se exponía a la acusación de ser un blasfemo, pero las dijo. Estaba dispuesto a cumplir con su deber, aunque eso significara cargar la deshonra de ser considerado un blasfemo, un demente y un traidor. Solo el heroísmo más elevado puede superar una prueba como esa. Pero aún no hemos alcanzado el punto máximo.

Si es difícil para una persona resistir a sus enemigos, mucho más difícil es para él resistir a sus amigos. Hay muchos que pueden resistir a las personas que se oponen, pero no pueden resistir las opiniones y los deseos de sus amigos. Muchos de nosotros podemos ser valientes para condenar a los que nos odian, pero sucumbimos enseguida a las amables palabras de quienes nos desean el bien. Pedro era el amigo muy querido de Jesús; pero cuando en cierta ocasión Pedro dice: "¡De ninguna manera, Señor! ¡Esto no te sucederá jamás!", rápida como un relámpago llega la respuesta: "¡Aléjate de mí, Satanás!" (Mateo 16:22-23). También Santiago y Juan presentan lo que les parece una petición de lo más razonable, y Jesús dice: "No puedo concedérselo". Judas era uno de los más confiables del grupo de apóstoles, tan confiable que fue nombrado tesorero de la banda; pero Jesús, por la simple narración de la verdad y la vivencia de una vida perfecta, alejó el afecto de este hombre hasta que al final se convirtió en su traidor. Muchos de ustedes tienen valor suficiente para enfrentarse a sus enemigos, pero ¿cuántos de ustedes pueden resistir la influencia y los deseos de sus amigos?

Toda una vida de coraje

Pero si quiere ejemplos de la valentía de Jesús, debes tomar todo el Nuevo Testamento, pues todos los Evangelios son el retrato de un héroe. La historia de la vida de Jesús es el registro más heroico jamás escrito, y quien desee aumentar la valentía de su corazón debe leer este libro día y noche. Míralo cuando se dispone firmemente a ir a Jerusalén, donde sabe que van a azotarle, a escupirle y a matarlo. Sus amigos se intentan disuadirle; se esfuerzan por detenerlo. Él sigue adelante con firmeza, sabiendo que en Jerusalén dará su vida en rescate por muchos. Tal vez te involucraste en alguna reforma y hayas sido malinterpretado y maltratado. Te has apartado diciendo: "Estoy cansado; me siento enfermo". ¿Por qué hablan así las personas? Porque son cobardes. Solo los cobardes se rinden; solo los cobardes se cansan y se enferman. Jesús se propuso firmemente ir a Jerusalén y nunca retrocedió hasta llegar a la cruz. Míralo mientras avanza, despreciando todas las cosas valiosas de la tierra, poniendo bajo sus pies aquellas ambiciones por las que se encienden los corazones de otros, pisoteando hasta el polvo los premios y los placeres de la vida. Haz una lista de las cosas que consideras más valiosas y que valen la pena, y verás que Jesús puso cada una de ellas bajo sus pies. Con la pisada firme de un conquistador, avanza hacia su muerte, diciendo: "Siempre hago lo que le agrada" (Juan 8:29).

17

Les quedó mirando, enojado.

MARCOS 3:5

LA INDIGNACIÓN DE JESÚS

Hay ciertos estados de ánimo y sentimientos que nos resistimos a atribuir a Jesús porque son tan comunes y humanos. Características que saltan a la vista y son desconcertantes en nosotros mismos, no las asociamos fácilmente con él. Por ejemplo, ¿era posible que Jesús se enfadara? Si era así, era asombrosamente parecido a nosotros mismos. Los más humildes y menos dotados entre nosotros somos expertos en el reino de la indignación. Nuestra capacidad para la ira se manifestó en nosotros tempranamente, y la hemos desarrollado mediante el uso constante. Ninguna emoción es más universal, y ninguna otra se enciende con más facilidad. La propia universalidad de la experiencia nos hace reacios a atribuírsela a alguien que está, en tantos puntos, por encima de nosotros, y cuya vida, por muy parecida que sea a la nuestra, tiene en ella tantas cosas que son únicas.

Además, la ira está asociada en nuestra mente con la enfermedad. Mucha de nuestra propia ira ha sido mundana. Ha sido un hervor de la sangre, lleno de ruido y furia, sin ningún significado ético. A veces ha sido un arranque de petulancia, una explosión de energía nerviosa, una especie de locura que roza los límites de la demencia. Mientras la fiebre apoderaba de nosotros, sentíamos nuestra ira era justificable, pero al enfriarse la sangre, nos arrepentíamos con dolor y quebranto. También hemos observado lo que la ira hace en los demás No se nos ha escapado que cuando los hombres y las mujeres se enfadan, suelen hacer el ridículo. Este hecho nos ha causado una profunda impresión. La mayor parte de la indignación que hemos conocido ha sido tan infantil o brutal, tan llena de furia y de amargura, que nos resulta difícil imaginarla en la experiencia de un hombre fuerte y santo.

Tan propensa es la ira a mezclarse con impulsos viles y desagradables, y con tanta frecuencia revuelve el lodo del fondo del alma, que con frecuencia se la ha clasificado entre los vicios como una pasión siempre carente de nobleza y, por tanto, que debe ser condenada, resistida, contenida. Así lo enseñaban los estoicos, que sostenían que dejarse llevar siempre por la ira es un signo de debilidad e indigno de una persona madura.

Una nueva perspectiva sobre la ira

Es debido a la suposición de que la ira es, en su esencia, pecaminosa que a muchas personas les resulta imposible pensar en Jesús enfadado. Cuando el Nuevo Testamento dice que estaba enfadado, pasan rápidamente por esa frase y respiran aliviados al volver a un párrafo que retrata su ternura y amor. Una vez que decides que la ira es una pasión pecaminosa o animal, debes negarle un lugar en el retrato de un hombre ideal.

Pero los evangelistas no eran estoicos ni se dejaban atrapar por las ideas que nos desconciertan. Sentían que debían escribir con claridad lo que vieron y oyeron, e impulsados así a contar una historia completa y sin adornos, no dudan en informarnos de que Jesús a veces ardía de ira. El ardor de su indignación era tan fuerte que asustaba y quemaba a aquellos sobre los que caía. Nos dicen que era la inhumanidad y la hipocresía lo que siempre encendía su corazón como un horno ardiente. Cuando veía a hombres, ordenados como líderes religiosos del pueblo más interesados en sus reglamentos insignificantes que, en el bienestar de la gente, sus ojos ardían con fuego sagrado. Los que estuvieron presentes nunca olvidaron el destello de sus ojos cuando lentamente miraba a los legalistas cuya dureza de corazón aborrecía. Despreciaba las supersticiones engañosas que se habían acumulado en torno a la idea de la muerte y detestaba las representaciones teatrales que rodeaban al entierro de los muertos. Los gritos fingidos de los dolientes a sueldo en presencia del sagrado misterio de la muerte despertaban en su alma una protesta llena de indignación. Cualquier oscurecimiento del mundo por la crueldad o engaño, hacía que se levantara con fuego en la mirada y actitud desafiante.

Estaba furioso por la profanación del templo. Los miserables mezquinos a quienes no les importaba en lo mínimo los himnos y las oraciones porque solo les importara el dinero, encendieron en él un fuego que estuvo a punto de consumirlo por dentro. Los malhechores que huyeron ante él nunca habían visto una llama como la que brotaba de sus ojos. Que un edificio construido con el propósito de exaltar el nombre de Dios se convirtiera en un mercado era tan aborrecible para su alma grande que se vio arrastrado a una acción que asombró a sus discípulos y que ha sido, para muchos, un escándalo desde entonces. Nadie puede entender esta purificación del templo que no haya experimentado nunca la fuerza y el ardor de la justa indignación.

Hay muchas frases de sus labios que, tras el transcurso de dos mil años, siguen quemando con ardiente calor. ¿Quién puede leer la parábola del hombre rico y Lázaro sin sentir el fuego de un santo desprecio?

> **La ráfaga de su desprecio era tan ardiente que asustaba y abrasaba a aquellos sobre los que caía.**

¿Quién puede leer la denuncia de los fariseos sin darse cuenta de que está en la presencia de un volcán arrojando lava fundida? Nadie podría hablar un lenguaje como el que han registrado los evangelistas que no fuera capaz de una tremenda indignación. Es una ira que va más allá de la ira humana. Es la ira misma de Dios. Uno de los propósitos del Nuevo Testamento es darnos una nueva revelación de la ira. Quítale a Jesús su capacidad de indignación y destruirás al Jesús de los Evangelios. Su ira ardiente es uno de los rasgos más gloriosos de su carácter. Si hubiera sido menos emotivo, no habría conmovido a las personas como lo hizo. Si su pasión hubiera sido menos intensa, el mundo nunca le habría llamado "Maestro".

Las dos caras de una moneda

Aquí, pues, tenemos en Jesús lo que a algunos les parece una contradicción. Él es un cordero, y al mismo tiempo es el León de la tribu de Judá. Él acaricia como una madre, y también golpea como un trueno. Es tierno, pero también es temible; es amoroso, pero también hiere con un golpe que aplasta. ¿Cómo podemos conciliar la indignación de Jesús con su amor? Nada es más fácil. Su indignación es la creación de su amor. Su ira procede de su santidad. Su misericordia no tendría sentido si no fuera por su inconmensurable capacidad para la ira. Quítale su indignación y destruirás el fundamento de su santidad, su justicia, su misericordia y su amor.

El amor y la indignación no son antagonistas ni rivales. Siempre van juntos, cada uno incapaz de vivir sin el otro. Solo aquellos que nunca han amado tienen dificultades para comprender la capacidad de ira del corazón. ¿Alguna vez has visto a un amante permanecer tranquilo y sereno ante el villano que se ha atrevido a insultar a la reina de su corazón? ¿Cuándo, desde que el mundo es mundo, ha mantenido el amor un pulso tranquilo ante el agresor de un ser querido? Una madre, toda gentileza y dulzura cuando se mueve entre sus hijos, le transforma en una furia vengadora ante un enemigo que intenta hacerles daño. Las dimensiones de su indignación estarán determinadas por la profundidad y el ardor de su amor. Es el más ardiente el que, comprometido con en el bienestar de los demás, quema hasta reducir a cenizas las fuerzas contrarias. El poder de amar y el poder de odiar deben ir siempre juntos. Existen el bien y el mal; el primero debe ser aprobado, el segundo condenado. La condena no debe ser fría, sino vehemente. Debe llevar consigo toda la energía del alma. Debe tener en su corazón ese fuego celestial que en la tierra se conoce como la indignación.

En Jesús, pues, vemos lo que es y siente un hombre normal. Él es pleno en su ser, completo. Da plena expresión a cada emoción del alma. Él no admitirá que en el jardín del corazón haya alguna planta que el Padre celestial haya plantado que deba ser arrancada. Todos los impulsos, deseos y pasiones con los que el Todopoderoso nos ha provisto tienen una misión que cumplir, y la tarea de la vida no es reprimirlos, sino entrenarlos para que realicen su trabajo.

Jesús se enfadó, pero no pecó. La ira, a causa de su calor, sobrepasa con facilidad los límites establecidos. Como todo tipo de fuego, es algo peligroso y difícil de controlar. Pero Jesús la controló diciendo: "Hasta aquí y no más". Ningún elemento pecaminoso se mezcló en aquella

> **La idea de que los malvados condujeran a almas inocentes al pecado lo convirtió en un horno de fuego.**

indignación que ardía con un calor puro e incesante. La irritación que tan con frecuencia sentimos, la exasperación que hiere y desgarra el corazón, la amargura de la que nos avergonzamos: todo esto estaba ausente de la ira de Jesús. Su ira era la más ardiente jamás conocida en nuestra tierra, pero el corazón en el que ardía era sin pecado.

La ira impía

Nuestra ira es con frecuencia una manifestación de nuestro egoísmo. Nos indignamos por nimiedades. El autobús no se detiene; alguien hace caer nuestro sombrero por descuido; o un ayudante nos decepciona, y nos encendemos. Se ha perturbado nuestra comodidad, han vulnerado nuestros derechos o se ha ofendido nuestra dignidad, y nos enfurecemos. Detalles insignificantes se vuelven en la leña que pueden hacernos arder. Pero ante los gigantescos ultrajes perpetrados contra los indefensos y los débiles, algunos de nosotros estamos tan tranquilos como una mañana de verano. Los malvados no nos hacen enfadar a menos que interfieran en nuestros asuntos personales. Si hacen daño a otros, buscamos excusas para ellos y les cubriremos con un manto de palabras suaves, diciendo: "Esas pobres personas, son más víctimas que culpables", y así le quitamos a la culpa su atrocidad mediante la sonrisa halagadora de un rostro complaciente.

Nuestra indignación, pues, es muy diferente de la de Jesús. Su ira nunca tuvo sus raíces en el egoísmo. Cuando fue objeto de abusos por los hombres, se mantuvo imperturbable. Cuando mintieron sobre él, no se le aceleró el pulso. Cuando clavaron sus manos en la cruz, ningún rastro de ira oscureció su rostro. Sus labios serenos seguían orando: "Perdónalos, porque no saben lo que hacen" (Lucas 23:34). Fue al ver a sus hermanos maltratados cuando su gran alma se encendió en ira. Cuanto más indefensa era la persona maltratada, más ardiente era el fuego de su indignación. Contra los ricos que se imponían a los pobres; contra los astutos que se aprovechaban de los ignorantes; contra los fuertes que maltrataban a los débiles, y contra los engañosos que tendían trampas a los inocentes, su alma ardía con un calor que se convirtió en un recuerdo imperecedero y sobrecogedor en la iglesia apostólica. Fue al ver la crueldad perpetrada contra los indefensos cuando su indignación se elevó a la furia de una tempestad. La idea de que los malvados condujeran a almas inocentes al pecado lo convirtió en un horno de fuego. Qué torbellino de fuego recorre una frase como esta: "Si alguien hace pecar a uno de estos pequeños que creen en mí, más le valdría que le ataran al cuello una piedra de molino y lo arrojaran al mar" (Marcos 9:42). ¡Tierno, en verdad, debió de ser el corazón del que pudieron brotar tales relámpagos fulminantes!

Si, pues, alguna vez nos hemos escandalizado por el relato de la indignación de Jesús, deberíamos examinarnos a nosotros mismos y averiguar por qué nos perturba la idea de que un hombre como él se encolerizara. Cuando encontremos en Jesús una palabra o un acto que nos parezca apartarse de lo que concebimos como la norma de rectitud absoluta, es bueno hacer una pausa y examinar de nuevo nuestros criterios de rectitud, porque puede ser que lo que concebimos como un defecto en él, pueda revelarnos una limitación que hay en nosotros mismos. Si le encontramos defectos porque ardió de ira, puede ser que nuestra crítica brote de una sangre carente de vitalidad. Si no ardemos en presencia de la crueldad y la injusticia, es porque las facultades superiores del alma se han atrofiado por el pecado. Si la madera no se arde, es porque está verde (inmadura) o podrida. Si los corazones no arden con fuego sagrado contra los malvados y sus malvadas acciones, es porque el corazón está demasiado poco desarrollado para sentir lo que los corazones debían sentir, o porque el núcleo del corazón ha sido carcomido por las degradantes prácticas de una vida sin Dios.

La indignación justa

La indiferencia ante las malas acciones es siempre un signo de deterioro moral. Si no nos encendemos contra la perversidad, es porque hay mucho de perverso en nosotros mismos. Despreciaríamos el soborno con un odio ardiente si nuestras propias manos no estuvieran anhelando recibirlo. El alma sana aborrece y se opone a toda forma de mal. El corazón no corrompido se enciende en cólera contra las fuerzas de la iniquidad. Nada es más necesario en nuestros días que una mayor capacidad de indignación moral. Nada aclara tanto la atmósfera como el ardor de los corazones encendidos por la ira santa. Hay males tan gigantescos y tan profundamente arraigados que nada menos que una tormenta los arrasará. Los malos abundarán cada vez más, a menos que los buenos lancen rayos.

Los criminales se vuelven descarados; los malhechores caminan insolentemente; y los canallas se apoderan de los altos puestos hasta que las personas de bien, encendidas de indignación, se levantan y los arrancan de los asientos del poder. La sociedad se limpiaría de gran parte de su contaminación si tuviéramos más hombres y mujeres capaces de enfadarse de verdad. Oremos, pues, cada día para que una nueva indignación recorra el mundo. El truco del diablo consiste en impedir que las personas buenas se indignen. No solo se nos permite como cristianos enfadarnos, sino que es nuestro deber, en ocasiones, permitir que este torrente de fuego recorra el alma. Martín Lutero no es el único hombre que ha trabajado mejor cuando estaba enfadado, y muchos de nosotros cojeamos en nuestra tarea porque hemos perdido uno de los elementos del poder moral.

"La fiel representación de lo que él es"

En la indignación de Jesús arrojamos luz sobre el carácter de Dios. Su indignación brota de una fuente en el corazón del Eterno. La "ira del Cordero" es, como se nos ha recordado con frecuencia, una figura retórica, pero como todas las figuras retóricas bíblicas, es una ventana que se abre al Infinito. La ira de Jesús es una revelación de la ira de Dios. Es significativo que sea el discípulo amado y el hombre a quien la tradición ha atribuido un corazón inusualmente amoroso y tierno, quien más tenga que decir sobre "la ira del Cordero". Mientras meditaba sobre los años de sus interacciones con Jesús, había un rasgo que se le presentaba una y otra vez, y era la ira de Jesús. Cuando habla de ella, lo hace siempre con sílabas que apaciguan el corazón. El hombre que declara que "Dios es amor" es el hombre que nos exhorta a huir de "la ira del Cordero".

¡El Nuevo Testamento es un libro glorioso! Sus líneas son rectas; su juicio, fino; suena a verdad. Está absolutamente libre de sentimentalismos. No tiene un cariño enfermizo por la gente mala. No se recurre a excusas ni y atenuantes. No tiene una ternura anormal. El mundo está lleno de sentimentalistas, hombres y mujeres que hablan empalagosamente del amor y que no saben realmente lo que es el amor. Después de escuchar su hueca palabrería, es refrescante adentrarse en un libro en el que toda mala acción es objeto de escarnio y toda persona malvada, si no se arrepiente, es abrumada por la vergüenza. En ninguna parte de los Evangelios hay un pensamiento suave o débil, un sentimiento melodramático o blando. Todo es alto, recto, fino, firme, verdadero. Bajo un cielo así, la vida se vuelve majestuosa, solemne, hermosa. Merece la pena esforzarse, trabajar, sufrir. Uno se siente seguro de que Dios está en su cielo, y que, aunque la maldad pueda florecer durante una temporada, el corazón de Dios arde con fuego inextinguible contra ella, y que, al final de los días, todos los impuros o crueles, todos que aman y practican la mentira, se encontrarán fuera de la ciudad cuyas calles son de oro y cuyas puertas son de perla.

18

"Santificado sea tu nombre".

Mateo 6:9

LA REVERENCIA DE JESÚS

Ningún análisis del carácter de Jesús estaría completo si no reconociera su reverencia. Es uno de los rasgos que más contribuyen a su hermosura, una característica que atrae la atención de toda mente observadora. Escribir una definición de reverencia no es fácil. Hay cosas que el corazón puede sentir, pero que el intelecto no puede definir fácilmente. Sabemos lo que es la reverencia y, sin embargo, tropezamos al definirla. Es "respeto, consideración, estima y honor"; sí, y es más que eso. Esas sílabas débiles y pálidas no expresan todo lo que siente el corazón cuando se pronuncia la palabra "reverencia". La base de la reverencia es el respeto o el honor, pero es el respeto o el honor trabajando con una energía atípica. Es un movimiento profundo del alma. Es respeto u honor al cuadrado o al cubo.

Y de nuevo hay una elevación en la palabra "reverencia" que el respeto y la estima no tienen. Es el respeto y la estima moviéndose a grandes alturas. Es una de las más sublimes de todas las emociones del alma, y por eso se nos escapa cuando intentamos capturarla en las redes de una definición. ¿Qué es? Es homenaje, deferencia y devoción, sí, y algo más. Es sobrecogimiento, temor y adoración, sí, pero ni siquiera estos cuentan la historia completa. El hecho es que la reverencia es una emoción compleja, hecha de sentimientos mezclados del alma. Hay en ella respeto y también afecto y temor, y junto con estos, una conciencia permanente de dependencia. Probablemente no haya ninguna expresión que defina tan bien lo que entendemos por reverencia como la frase del Antiguo Testamento: "El temor del Señor".

Del Antiguo Testamento al Nuevo

Los sabios de Israel estaban convencidos de que el temor del Señor es el comienzo de la sabiduría. Su esfuerzo consistía en hacer al pueblo consciente de la existencia de un Dios de infinito poder, sabiduría y bondad. Era el Alto y Santo que habita en la eternidad y que, por lo tanto, no debe ser abordado descuidadamente ni considerado a la ligera. El templo de Jerusalén se construyó de tal manera que estableciera el temor del Señor en los corazones del pueblo. Su arquitectura les recordaba continuamente que ser reverente es ser sabio. A los atrios exteriores del templo podía entrar todo hebreo; al atrio interior o lugar santo solo se permitía el acceso a un hombre, y a ese hombre solo un gran día del año. De este modo se proclamaba la verdad fundamental de que Dios es majestuoso y santo, y solo puede acercarse a él un corazón humilde y reverente. Este temor del Señor era poderoso en Jesús. Dios estaba continuamente ante sus ojos. Su alma estaba impregnada de la sensación de su presencia, y todo lo que decía y hacía estaba bañado en una atmósfera creada por esta conciencia de la comunión y el favor del Eterno.

Ilustrar esto no es fácil. Toda la vida de Jesús es una ilustración de ello. No se pueden escoger palabras o actos aislados y sostenerlos diciendo: "¡Miren qué reverente era!". Uno no puede ser reverente a intervalos. Debe ser reverente todo el tiempo o no serlo en absoluto. Si es reverente el lunes y no el martes, entonces su reverencia del lunes fue un fingimiento y una hipocresía. La reverencia no es una vestimenta que pueda ponerse y quitarse; corre por la sangre misma del alma. Es imposible localizarla en un lugar específico. Es, más bien, una atmósfera en la que está envuelta la personalidad. Es un hábito asentado del espíritu, una disposición permanente del corazón, una tendencia inmutable de todas las corrientes del ser hacia Dios. No importa lo que Jesús esté diciendo o haciendo, sentimos que estamos en presencia de un hombre reverente. Si quieres ver ilustraciones de su reverencia, ¡lee los Evangelios!

Oración reverente

El fervor con el que siempre abogaba por reverencia en los demás es prueba de que en él la reverencia era un atributo divino e indispensable. No habría podido amarla tanto en los demás si él mismo no la hubiera poseído. "Ustedes deben orar así: 'Padre nuestro que estás en el cielo, santificado sea tu nombre'". Probablemente ninguna otra frase de la oración del Señor se repite sin pensar y de manera superficial como "santificado sea tu nombre". Nos deslizamos sobre ella como si fuera solo un paréntesis; y pasamos a pedir pan y liberación de nuestro mayor enemigo. Pero Jesús se cuida de colocar esta petición en el centro de toda nuestra oración. A menos que este deseo ocupe el primer lugar en nuestro corazón, no estaremos en disposición de orar. Si nuestro primer pensamiento es sobre nosotros mismos y no sobre Dios, entonces no estamos orando a la manera de Jesús. Cuando nos dice que pongamos esta petición en primer lugar, es porque él mismo siempre la puso en primer lugar. Era su suprema ambición que el nombre de su Padre se mantuviera bello y santo. Instruyó a sus discípulos, en efecto: "Cuando oran, pues, oren para que el nombre de Dios sea consagrado, reverenciado, mantenido santo; protéjanlo de las influencias contaminantes de un mundo malvado; sepárenlo de todos los demás nombres que pronuncian los labios o piensa la mente". Cualquier pensamiento vil o indigno de Dios era, para la mente de Jesús, aborrecible y degradante. Viviendo siempre con la mirada puesta únicamente en la gloria de Dios, exhortó a los hombres y mujeres de todas partes a que hablaran, actuaran y vivieran de tal manera que los demás, viendo sus buenas obras, pudieran glorificar a su Padre que está en los cielos.

Una perspectiva celestial

Teniendo a Dios continuamente ante sus ojos, lo veía todo en relación con lo Eterno. Su respeto por las personas se debía, no a lo que eran en sí mismos, sino a lo que eran a los ojos de Dios. Eran hijos de Dios y, por tanto, por muy pobres o humillados que estuvieran, eran dignos de respeto y honor. Cualquier crueldad en la palabra o inhumanidad en la acción hacia un ser humano hacía que el corazón de Jesús destellara fuego, porque ese trato a los hijos de Dios era, en su mente, un insulto a Dios mismo. Su reverencia por su Padre hacía santo a todo el mundo y, debido a su adoración por el Creador, no podía dar la espalda a ningún ser creado. "Honren a todos" (NBLA) fue una de las primeras exhortaciones de los apóstoles. Tenía sus raíces arraigadas en la inconmensurable reverencia de Jesús por Dios.

Lo cuidadoso que era con el justo nombre de su Padre queda ilustrado en lo que dice respecto a los juramentos. Los líderes religiosos de su tiempo tenían cierta forma de reverencia, pero era limitada y superficial. Veneraban tanto las letras que deletreaban el nombre de Dios que nunca osarían pronunciarlas, pero no dudaban en llenar los espacios vacíos con otras palabras. Si no juraban en el nombre de Dios, llenaban sus juramentos con los nombres de las cosas que Dios había hecho. La reverencia de Jesús por su Padre era tan intensa que se extendía también a las cosas creadas por su Padre. Los judíos tenían la costumbre de jurar por el cielo, pero esto para Jesús era irreverente porque el cielo había sido hecho por Dios. A veces juraban por la tierra, pero esto para él también era escandaloso porque la tierra pertenece a Dios. A veces juraban por Jerusalén, pero esto tampoco podía permitirse, pues era una ciudad querida por Dios. Si juraban por su propia cabeza, también se equivocaban, pues su cabeza había sido creada por el Todopoderoso. He aquí, en efecto, un corazón sensible. Siente tan intensamente la majestad y la dignidad del Padre eterno que todas las cosas creadas brillan en la gloria reflejada de su rostro, y, por lo tanto, nada debe ser tratado irreverentemente, rebajado a la vulgaridad o convertido en una broma.

Su reverencia por el templo era inquebrantable. Cada piedra en él le hablaba de Dios, y cada ceremonia celebrada dentro de sus atrios tenía en ella un significado que aliviaba y reconfortaba su corazón. Cualquier profanación de un edificio construido para promover la gloria de Dios era para él horrible e intolerable. Era en este edificio donde debían abrirse los ojos y limpiarse los corazones para contemplar al Rey en su belleza. A su alrededor se agrupaban asociaciones sagradas y dulces recuerdos de muchos años. Era para Jesús, en verdad, un lugar sagrado. Pero no fue así para muchos de sus compatriotas. En el proceso de degradación moral, la reverencia es una de las primeras virtudes en desaparecer. Es una flor del paraíso que no puede florecer en la fría atmósfera de la sordidez y la vulgaridad. El amor al dinero había carcomido el corazón de muchos de los compatriotas de Jesús. Les importaban más las ganancias que Dios.

Si no se preocupaban por Dios, ¿por qué iban a preocuparse por el templo de Dios? Convirtieron los atrios del templo en un mercado y ahogaron los himnos y las oraciones con el tintineo del dinero y el bramido de los bueyes. Jesús no podía soportarlo. Otros hombres lo habían soportado; él no pudo. La irreverencia es una espada que atraviesa el corazón de un hombre reverente. Nunca mostró Jesús tal tempestad de emociones como en la purificación del templo. A los espectadores les pareció que estaba fuera de sí. Se convirtió de golpe en una furia vengadora, y antes de que los malhechores supieran lo ocurría, sus monedas rodaban por el suelo del templo, y sus rebaños y manadas estaban en la calle. La explicación de la tempestad está en estas cinco palabras: "la casa de mi Padre". No era una casa ordinaria. Era la casa de Dios. Fue construida para la adoración a Dios. Era un santuario para el corazón adorador. Estaba destinada a ser un consuelo para las penas y los problemas de la gente, la puerta misma del cielo. "¡Saquen esto de aquí! ¡No conviertan la casa de mi Padre en un mercado!" (Juan 2:16). Fue su reverencia lo que encendió un fuego en sus ojos y dio a sus palabras una energía afilada como puñales.

Recuerdos reverentes

Jesús creía en la adoración a Dios. Tuvo siempre cuidado de mantener las ceremonias que alimentan y guardan los sentimientos elevados del corazón. Su actitud hacia el ritual ha sido con frecuencia malinterpretada por las personas que, echando un vistazo a la superficie, no han captado el significado de lo que hizo. Hizo una guerra implacable contra los fariseos que eran los custodios ungidos de la religión de su tiempo. Criticó sus formas de ayunar, dar, orar y vestirse; condenó la totalidad de su vida. Y por ello, a veces se ha dicho que Jesús no creía en las ceremonias. Esto es un error. Jesús no creía en el ritualismo, lo que es el cadáver de la ceremonia; es la ceremonia después de que el espíritu de la vida ha salido de ella.

Jesús odiaba la muerte dondequiera que la encontrara. La odiaba sobre todo en forma de adoración. La adoración es el cuerpo en el que se consagra la reverencia. Mientras viva el espíritu de reverencia, el culto es significativo y hermoso; pero cuando el espíritu desaparece, entonces el culto se vuelve desmoralizante y corruptor. El culto de los fariseos carecía gravemente del espíritu de adoración. Era prefabricado y seco, muerto, mecánico, sin corazón y sin alma, y, por lo tanto, odioso para

> **Este temor del Señor era poderoso en Jesús. Dios estaba continuamente ante sus ojos.**

Dios y para todos los que piensan con rectitud. La reverencia es bella y hace bella cualquier forma que elija para expresarse; pero cuando la reverencia muere, entonces las formas de reverencia se vuelven cadavéricas y contaminan a todos los que tienen trato con ellas.

Jesús creía en las ceremonias. Ellas son, cuando se utilizan correctamente, las que preservan la vida. Si deseas mantener vivo el espíritu de la cortesía y la educación, no deseches las formas de cortesía y educación. Si deseas mantener encendido el fuego del amor, no destierres las formas en las que el amor se deleita en expresarse. Si deseas mantener el espíritu de la amistad, asegúrate de atesorar todas sus formas. Fue un hombre sabio el que nos aconsejó que mantuviéramos nuestras amistades en buen estado, y quienes no lo hacen descubren al final que sus amistades se han deteriorado y han muerto. Si deseas mantener vivo el espíritu de reverencia, has uso de los rituales que mejor se adapten para alimentar y desarrollar ese espíritu en el alma.

Jesús hizo una guerra feroz contra el ritualismo, pero siempre fue un observador escrupuloso del ritual. Siempre estaba en la sinagoga en el día de reposo. Seguía fielmente el orden del servicio. Repetía las oraciones, cantaba los salmos y escuchaba la lectura de las Escrituras. Cuando alimentó a los cinco mil hombres al otro lado del Jordán, tuvo cuidado de dar gracias a Dios antes de que procediera la comida. Cuando estuvo ante la tumba de Lázaro, primero miró a Dios en oración antes de pronunciar las palabras: "¡Sal fuera!" (Juan 11:43). En el aposento alto, observó la Pascua, sin omitir nada del ritual, sagrado por haber sido transmitido a través de tantas generaciones. El alma de Jesús era reverente. Le resultaba fácil doblar la rodilla. Para él era natural mirar hacia arriba. Miraba al rostro de su Padre, diciendo a cada paso: "He venido, oh Dios, a hacer tu voluntad".

Reverencia creciente

Aquí tenemos, pues, una virtud en cuya belleza deberíamos fijar con frecuencia nuestros ojos. No tenemos tanta reverencia como deberíamos tener. No somos por naturaleza ni por formación un pueblo reverente. Hay quien dice que nos volvemos menos reverentes a medida que pasan los años. Las personas mayores se lamentan constantemente de que echan de menos un cierto respeto hermoso, una reverencia encantadora que eran más común hace muchos años. Hay extensos ámbitos de la sociedad de las que se ha desterrado el espíritu de reverencia. Los hombres y mujeres de muchos círculos son inteligentes, interesantes, brillantes, pero carecen de una de las tres dimensiones de la vida: no tienden hacia lo alto. Su conversación chispea, pero es frívola y con frecuencia indolente. Su charla es ingeniosa, pero el ingenio es con frecuencia a expensas de las cosas elevadas y sagradas. Una persona así ha caído muy baja en la escala del ser quien, para exhibir sus poderes, encuentra necesario ridiculizar aquellas cosas que han sido apreciadas por toda la gente buena.

Posiblemente nos estamos volviendo menos reverentes porque nos avergonzamos de tener miedo de alguien o algo. El temor es uno de los elementos de la reverencia, pero existe la impresión popular de que todo miedo es degradante. Sin embargo, el miedo es de dos clases: hay uno piadoso y uno que es impío. Este último tiene un elemento de terror; arroja una sombra y produce escalofríos. Pero hay un temor que todos los espíritus puros sienten en presencia de lo alto y santo. Si un ser mortal, contaminado y estropeado por el pecado, no se sobrecoge ante el pensamiento de un Dios Santo, es porque ha perdido el poder del sentimiento. Si hay un temor que degrada y paraliza, también hay un temor que limpia y exalta. El temor del Señor no es solo una virtud que las personas deben anhelar, sino es una gracia sin la cual los ángeles y los arcángeles estarían incompletos. La reverencia es la atmósfera del cielo. Acudamos con frecuencia, pues, al reverente Hombre de Nazaret que, con su sobrecogedora reverencia hacia su Padre celestial, nos avergüenza de nuestra irreverencia y facilita que el corazón se arrodille.

19

**"¿Quién de ustedes me puede probar
que soy culpable de pecado?"**

Juan 8:46

LA SANTIDAD
DE JESÚS

Aquí utilizo por primera vez en este curso de sermones una palabra
que pertenece a otro vocabulario. Valor, humildad, paciencia, aplomo,
fraternidad, indignación: todas ellas pertenecen a una clase común,
pero traspasamos los límites hacia otra región cuando utilizamos la
palabra "santidad". Todas las otras palabras que he utilizado pueden
aplicarse a muchos de los grandes personajes de la tierra; la palabra
"santidad" solo puede aplicarse a uno: Jesús.

Preguntas sinceras

¿Qué entendemos por la santidad? Queremos decir "integridad,
perfección plena". Una persona santa es una persona sin mancha ni
defecto, un carácter sin tacha ni impureza. Pensemos en la impecabilidad
de Jesús. Una persona reflexiva podría hacerse la pregunta: "¿Cómo
sabes que era así? Solo tienes un relato de sus palabras y actos, y aunque
estos puedan estar por encima de toda crítica, ¿cómo sabes lo que
sucedió en los recintos del corazón? ¿Cómo sabes que cada sentimiento
estaba libre de pecado, que ni un solo pensamiento estaba corrompido,

que cada motivación suya, incluso la más profunda, era conforme a la voluntad de Dios? ¿No pasas acaso a la región de la conjetura cuando dices que aquí había un hombre absolutamente sin pecado?"

Además, se podría argumentar que solo tenemos la historia de una parte de su vida. Murió a la edad de treinta y tres años, y de este periodo treinta años están prácticamente en blanco. Incluso si se concede que su vida pública fue perfecta, ¿cómo se puede hablar con autoridad de la vida que vivió antes de aparecer al río Jordán para ser bautizado por Juan? ¿Cómo sabe lo que fue su vida de niño, de adolescente, de joven? De todo este periodo, apenas se cuenta una sílaba, y, sin embargo, ¿cuántos pecados puede haber cometido en esos años agitados y tempestuosos?

Y uno podría continuar diciendo: "¿Cómo puedes estar seguro de que todo lo que hizo y dijo registrado en el Nuevo Testamento fue absolutamente correcto a los ojos de Dios? Cuando denunció a los fariseos y lanzó sus epítetos punzantes, ¿puedes estar

> **Nunca ha habido más que un alma pura, nunca más que una vida sin tacha, nunca más que una mente libre de toda mancha, nunca más que un corazón perfecto. Es esta impecabilidad la que da a Jesús su poder.**

seguro de que no hubo un exceso de pasión? Cuando expulsó a los mercaderes del templo, ¿puedes estar seguro de que no sobrepasó los límites de la justa indignación? Cuando maldijo la higuera, ¿no había impaciencia en sus palabras? Cuando lanzó a la mujer sirio-fenicia la observación de que no era apropiado tomar el pan de los niños y echárselo a los perros, ¿no fue culpable del mismo pecado que arruinó y deshonró a tantos de sus compatriotas?

Y de nuevo: "¿Cómo puedes estar seguro de que cumplió con todos sus deberes? Incluso concediendo que no podemos acusarle de ningún pecado de comisión, ¿cómo sabe que no hubo pecados de omisión? El deber es infinito. Hay deberes hacia Dios, hacia los demás y hacia la propia alma, ¿y quién en este mundo está en la capacidad de decir que Jesús cumplió todos los deberes consigo mismo, con los demás y con Dios al nivel de perfección?". Son preguntas naturales, y preguntas que merecen una respuesta. Se les ocurrirán a las mentes reflexivas cuando aborden la cuestión de la santidad de Jesús.

Sopesar la evidencia

En respuesta a estas preguntas, puede decirse, en primer lugar, que hasta donde podemos descubrir, no hay nada en la conciencia de Jesús que indique que era culpable de algún pecado. No hay rastro en ninguna parte de arrepentimiento, ni indicación alguna de remordimiento. Desde el principio hasta el final, se muestra sereno, jubiloso, confiado y libre, hasta donde podemos ver, de esa sombra que siempre proyecta la conciencia del pecado. Ahora bien, todo el mundo está de acuerdo en que Jesús era un hombre bueno, extremadamente bueno, extraordinariamente bueno. Todo el mundo admite que fue el mejor hombre que jamás haya existido. Pero si una vez admitimos esto, estamos obligados a ir mucho más lejos, porque justo en la medida en que un hombre es realmente bueno se vuelve sensible al pecado; justo en la medida en que su sentido espiritual es agudo, su conciencia del pecado se vuelve algo que causa perturbación y espanto.

Si quieres las confesiones más tristes de sus defectos, no acudas a las peores personas, sino a las mejores. Cuanto más alto llega una persona en su madurez espiritual, más se aflige por el conocimiento de sus pecados. Recorre las Escrituras, y encontrarás que todos los santos tienen sus rostros en el polvo. Isaías tiene una visión de Dios, y su primer grito es: "¡Ay de mí, que estoy perdido!" (Isaías 6:5). Job tiene una visión de Dios y se arroja al suelo diciendo: "Me aborrezco, y me arrepiento en polvo y en ceniza" (Job 42:6 RVA). Juan el discípulo amado dice: "Si afirmamos que no tenemos pecado, nos engañamos a nosotros mismos y la verdad no está en nosotros" (1 Juan 1:8). Pablo, el más grande de todos los apóstoles, clama en una agonía de remordimiento: "… los pecadores, de los cuales yo soy el primero" (1 Timoteo 1:15). Pedro dice: "¡Apártate de mí, Señor; soy un pecador!" (Lucas 5:8). No hay excepción en toda la lista, desde Abraham hasta el último de los apóstoles. Todos los corazones claman en el lenguaje del salmista: "Ten piedad de mí, oh Dios […] Borra mis transgresiones. Lávame de toda mi maldad y límpiame de mi pecado. […] Siempre tengo presente mi pecado" (Salmo 51:1-3).

Si, por lo tanto, Jesús es, en verdad, el mejor hombre que jamás haya existido y aun así un pecador, debe haber sido consciente de su pecado; y si hubiera sido un hombre honesto, consciente de su pecado, no habría ocultado el hecho a aquellos que estaban más cerca de él. Habría dado señales de arrepentimiento y mostrado señales de remordimiento. Habría dado muchas evidencias de arrepentimiento y vergüenza. Pero, por lo que sabían los apóstoles, nunca salió de sus labios un clamor por perdón. Por otra parte, siempre estaba pronunciando palabras como estas: "El que me ha visto a mí ha visto al Padre" (Juan 14:9); "Siempre hago lo que le agrada" (Juan 8:29); y "¿Quién de ustedes me puede probar que soy culpable de pecado?" (Juan 8:46). E incluso cuando está a la vista de la cruz, con la muerte a solo unas horas de distancia, mira al rostro de Dios diciendo: "Yo te he glorificado en la tierra y he llevado a cabo la obra que me encomendaste" (Juan 17:4). Otros miraron el esplendor inmaculado, el blanco resplandor del mundo eterno, y retrocedieron avergonzados y condenados; Jesús mira esa misma gloria de pureza absoluta y dice: "He llevado a cabo la obra que me encomendaste". Esto es extraordinario y totalmente único.

He aquí un hombre que enseñó a otros que dijeran cuando oraban: "Perdónanos nuestras ofensas, como también nosotros hemos perdonado a nuestros ofensores" (Mateo 6:12), pero él mismo nunca oró esa oración. Otras personas, incluso las más fuertes, han pedido a otros que oren por ellas; él nunca pidió oraciones a ninguna persona. Si entonces estamos dispuestos a escuchar la conciencia de Jesús, estamos obligados a confesar que aquí había un hombre sin pecado. Si no estaba libre de pecado, entonces no era un buen hombre en absoluto, pues ocultó cuidadosamente a sus compañeros las partes manchadas de su vida y les hizo creer que era mejor de lo que era, en cuyo caso era un hipócrita y nuestro héroe se ha desvanecido.

Pero esto no es todo. No solo se mantuvo inconmensurablemente por encima de todos los demás, sino que perdonó los pecados: habló como uno que tenía autoridad. Ningún otro hombre había ejercido jamás tal prerrogativa. Incluso los peores pecadores, cuando se arrepentían a sus pies, recibían de él la garantía autorizada del perdón. Además, era un hombre que carecía de un ideal humano. Todas las personas buenas han admirado a alguien mejor que ellas mismos; Jesús no miraba a nadie como mejor que a sí mismo. Se colocó por encima de Moisés. Dijo: "Aquí tienen ustedes a uno más importante que Salomón" (Lucas 11:31). Dijo a los hombres: "Síganme, porque yo soy el ideal". Y al mismo tiempo dijo: "Sean perfectos como su Padre celestial es perfecto" (Mateo 5:48). ¿Cómo unirá estas dos exhortaciones? "Síganme". "Sean perfectos". En este punto fue tajante: no permitía que nadie se interpusiera entre él y el alma. Si en verdad era perfecto, todo esto estaba bien; pero si era un pecador que ocultaba su pecado o era inconsciente de su pecado, entonces todas esas exhortaciones como "Síganme" son desmoralizadoras, y sus pretensiones son blasfemas. Si era bueno en absoluto, estaba libre de pecado.

Hay que prestar atención a la impresión que causó en los demás. Los hombres que estaban más cerca de él se hicieron la idea de que estaba libre de pecado. Cuando vino a Juan el Bautista para ser bautizado, Juan se apartó de él, diciendo: "Yo no puedo. Tú debes bautizarme a mí". ¿Y por qué? Porque Juan bautizaba a las personas por sus pecados. No podía bautizar a Jesús, porque Jesús no tenía pecado. Y cuando Jesús da su respuesta, no dice: "Soy un pecador, por lo tanto, debo ser bautizado", sino dice: "Hagámoslo como te digo, pues nos conviene cumplir con lo que es justo". Había una razón por la que debía realizarse el bautismo: había otro elemento en el bautismo además de la confesión del pecado.

Juan era el discípulo amado, el más cercano al corazón del Maestro. En el tercer capítulo de su primera carta dice lo siguiente: "Ustedes saben que Jesucristo se manifestó para quitar nuestros pecados. Y él no tiene pecado" (1 Juan 3:5). Esa fue la impresión que le causó el Señor. Pedro era uno de sus amigos más leales. Estuvo con él día y noche durante tres años. En el segundo capítulo de su primera carta dice: "Él no cometió ningún pecado ni hubo engaño en su boca" (1 Pedro 2:22). Ahora bien, estos hombres estuvieron con Jesús. Comieron con él, bebieron con él, durmieron con él. Lo vieron en toda clase de situaciones y en todos los estados de ánimo, y en diversas circunstancias. Lo vieron hambriento, enojado, severo, sorprendido, desilusionado, asombrado, y, sin embargo, creyeron que en él no había pecado.

El escritor a los Hebreos recuerda a sus lectores en el capítulo cuatro que, aunque Jesús fue tentado en todo como nosotros, estaba libre de pecado. Esa fue, pues, la impresión que causó en la iglesia. Tras la resurrección, le adoraron como a Dios. Es inconcebible que en tan poco tiempo un cuerpo numeroso de hombres y mujeres inteligentes lo hubieran adorado como Dios y le hubieran cantado himnos de alabanza si no hubiera causado en ellos la impresión de que era santo.

Indiscutiblemente diferente

Aquí, pues, hemos llegado a la característica suprema de Jesús. Es esta la que lo diferencia de todos los demás que han vivido. Todos los demás han conocido la punzada del remordimiento; todos los demás han clamado por el perdón. Simón Pedro estaba atormentado por los recuerdos; era un buen hombre, un gran hombre, un trabajador incansable en la iglesia, pero los recuerdos condenatorios le persiguieron a lo largo de los años. Y cuando por fin llegó el momento de morir dijo: "Crucifíquenme con la cabeza hacia abajo". Dijo esto porque recordaba su pecado. Pablo era un buen hombre y un gran hombre, pero le acosaban los recuerdos condenatorios. Llenaba los días y las noches de trabajo para Dios, pero nunca podía olvidar que había sido un perseguidor de la iglesia, y por eso entró en el cielo sintiéndose el primero de los pecadores. Nunca ha habido más que un alma pura, nunca más que una vida sin tacha, nunca más que una mente libre de toda mancha, nunca más que un corazón perfecto. Es esta impecabilidad la que da a Jesús su poder.

No podemos entender el Nuevo Testamento a menos que reconozcamos que era santo. Su vida fue de sufrimiento y persecución, terminando en una muerte horrible, pero el Nuevo Testamento es un libro alegre. No hay melancolía en él porque no había melancolía en Jesús. Su alma era radiante. Nada crea melancolía en este mundo salvo el pecado. Todas las cosas que consideramos terribles son insignificantes y no tienen poder para proyectar una sombra. Solo hay una cosa que hace decaer el espíritu, y es el pecado. La impecabilidad de Jesús explica su alegría. Dijo: "Nadie conoce al Padre, sino el Hijo". ¿Por qué? Porque "dichosos los de corazón limpio, porque ellos verán a Dios" (Mateo 5:8). Porque su corazón era puro, su visión del Eterno era clara. Conoció a Dios como ningún otro lo ha conocido jamás. Y esta impecabilidad fue el secreto de su atracción. Atraía a las personas hacia él; se aferraban a sus palabras; se sentían fascinadas por él, incluso cuando lo odiaban; se sentían llevadas él, incluso cuando le temían. Simón Pedro expresa las emociones contradictorias del corazón en: "¡Apártate de mí, Señor; soy un pecador!" (Lucas 5:8). Cuando Jesús le pregunta si se va, dice: "¿A quién iremos? Tú tienes palabras de vida eterna" (Juan 6:68).

La razón por la que nos sentimos atraídos hacia él no es por su valentía, su compasión, su paciencia o su fraternidad; es porque sentimos instintivamente que está muy por encima de nosotros, un hombre sin pecado. Es esto lo que da a la iglesia cristiana su poder. La iglesia cristiana tiene una única posesión perfecta: Jesús. El credo de la iglesia no es perfecto; sus frases fueron forjadas por la torpe mente humana. La iglesia misma es imperfecta, manchada de principio a fin por el pecado; pero Jesús de Nazaret, la cabeza de la iglesia, es puro. Y porque él está libre de pecado, la iglesia saldrá triunfante.

20

Se llamará su nombre Admirable.

Isaías 9:6

LA GRANDEZA DE JESÚS

¿Qué es la grandeza? ¿Quién es una gran persona? ¿Cuál es el elemento distintivo de una persona que le otorga este honor que enorgullece? Los diccionarios no nos ayudarán. ¿Qué característica es común a todas las personas que la historia considera grandes? En una compañía tan heterogénea, ¿es posible encontrar alguna marca que los haga afines? Es posible, y la cualidad que es común a todos es su extraordinaria capacidad de logro. Todos estos hicieron cosas duraderas, de tal forma que el mundo no fue el mismo después de que ellos acabaron su obra en él. Esculpieron estatuas, pintaron cuadros, dirigieron ejércitos, gobernaron Estados, compusieron música, redactaron leyes, escribieron poemas o hicieron inventos que enriquecieron las vidas y los hogares de muchos. Dejaron su huella en la mente del mundo. El producto de su genio es un tesoro eterno de la raza [humana].

¿Qué logró?

¿Fue grande Jesús? ¿Qué logró? ¿Qué hizo alguna vez? Nunca cinceló una estatua, pintó un cuadro, escribió un poema, compuso una pieza musical, construyó un sistema filosófico, publicó un libro, dirigió un ejército, controló un senado, elaboró una ley, hizo un descubrimiento, ideó un invento, ni hizo ninguna de las cosas que han hecho ilustres los nombres de otras personas. Nunca llevó una corona ni sostuvo un cetro ni se echó sobre los hombros un manto púrpura. Nunca ocupó un cargo ni en la iglesia ni en el Estado. No hizo absolutamente nada en arte, literatura, ciencia, filosofía, invención, ni como estadista ni en la guerra: los siete reinos en los que los grandes del mundo han ganado sus coronas. Y, sin embargo, todo el mundo llama grande a Jesús. Ninguna persona informada en ninguna parte del mundo le negaría hoy ese enaltecedor adjetivo. No solo se le considera grande, pero en una gran parte del mundo se le considera el más grande, tan grande que nadie más puede compararse con él. Charles Lamb dio expresión al sentimiento de todos nosotros cuando dijo: "Si Shakespeare entrara en esta sala, todos nos levantaríamos a su encuentro; pero si Cristo entrara en ella, todos caeríamos de rodillas". Su grandeza es mayor que la de todos los demás, y también es diferente.

Otras personas son grandes artistas, poetas, generales o estadistas, mientras que Jesús es un gran hombre. Su grandeza reside en el reino de la personalidad, en el reino del carácter.

> **Otras personas son grandes artistas, poetas, generales o estadistas, mientras que Jesús es un gran hombre. Su grandeza reside en el reino de la personalidad, en el reino del carácter.**

Su logro no fue forjado con pintura, cincel, espada o pluma, sino por la magia celestial de una voluntad victoriosa. No hay nada de él salvo su humanidad. No vistió ninguna de las ropas resplandecientes de la tierra. No decimos: "He aquí el poeta, el orador, el filósofo, el general, el estadista, el soberano", sino decimos: "¡He aquí el Hombre!".

Es una de las más tristes sorpresas descubrir al leer las biografías de los trabajadores inmortales del mundo cuántos de ellos han sido estrechos de mente y supersticiosos, egoístas y envidiosos, mezquinos en sus ambiciones y viles en sus objetivos, logrando una significativa o hermosa obra en cuya gloria se ha desvanecido la pobreza moral de su carácter. Jesús era grande en su alma. Las dimensiones de su mente y de su corazón eran colosales. Su espíritu era majestuoso, imponente, sublime.

Por encima de la multitud

Jesús tenía ojos que veían hasta el fondo de cada problema y hasta el centro de cada situación. Nunca pasó por alto el punto esencial ni se dejó confundir por una cuestión secundaria. Despojaba lo superficial del alma frente a lo esencial, y por enredado o complicado que fuera un asunto, captaba el principio fundamental y aclaraba todas las cosas. Comparados con él, los escribas y fariseos eran búhos que batían los ojos en el resplandor del mediodía. La perspicacia es un rasgo de grandeza. Solo las grandes personas ven en profundidad las cosas. Fue su perspicacia lo que le hizo formidable para los que intentaron ponerle la zancadilla y atraparle con sus interrogatorios. Una y otra vez intentaron, pero nunca lo consiguieron. Él siempre desbarató su astucia y siempre los dejaba en evidencia en su juego favorito. Cada vez que se abalanzaban sobre él con una pregunta destinada a humillarlo por completo, él la captaba, devolvía el argumento al hombre que la hacía y seguía su camino triunfante. Nunca le sacaron ventaja en una discusión o un debate. Era rápido, sagaz, hábil y, sin embargo, cuando pensamos en él, no pensamos en su ingenio, porque este es un destello del intelecto, y aunque la brillantez intelectual nos deslumbra en otras personas, no nos impresiona en Jesús porque su ingenio es solo uno de los muchos talentos y dones que se combinan para añadir lustre a su personalidad majestuosa y trascendente.

Su grandeza sale a relucir en su comunión con sus discípulos. Eran hombres fuertes y capaces, todos ellos, capaces más tarde de poner el mundo patas arriba; pero dan una imagen lamentable en presencia del hombre al que reconocen como su maestro. Son lastimosa e irremediablemente estúpidos. No pueden comprender algunas de las cosas más sencillas que el Maestro dice. Está tan por encima de ellos que no pueden subir hasta donde él está. Hay un dolor conmovedor en su pregunta tantas veces repetida: "¿Y todavía no entienden?". Pero es en su temperamento y ambición donde los discípulos están en lo peor. Eran hombres mezquinos, envidiosos y egoístas. Disputaban entre si sobre cuál de ellos debía ocupar el lugar más alto, e incluso en la última noche de la vida de Jesús riñeron por nimiedades sobre los lugares que debían ocupar alrededor de la mesa. No es de extrañar que los llamara "niños pequeños", pues eso era todo lo que eran. Eran infantiles en su temperamento y ambiciones, como lo son la mayoría de las personas. Eran tan viejos en años como Jesús; pero en pensamiento y objetivo, en esperanza e ideal, eran, en comparación con Jesús, solo un grupo de bebés.

Cambió vidas

Lo grande que es Jesús se puede saber por la longitud, anchura y profundidad de sus logros. La grandeza se mide por el efecto que produce. No se puede juzgar a las personas por su estatura o sus características físicas. No se puede saber si una persona es grande o no mirando su cuerpo. Tampoco siempre se puede encontrar la grandeza de alguien en sus palabras. La grandeza no reside en las palabras sino en las almas. Ni siquiera las acciones de una persona revelan completamente lo que ella es. En su conducta, las grandes personas actúan de forma muy parecida a las personas comunes y corrientes. Es por el efecto total de la vida de una persona que debemos decir si es grande o no.

Si Jesús ha de ser juzgado por los efectos que produjo y sigue produciendo, entonces su nombre es realmente Admirable. Sobre aquellos de su tiempo ejerció un poder tan maravilloso que parecía insólito, mágico, y algunos pensaron que debía estar aliado con los poderosos seres del inframundo. Cuando hablaba, las personas se desbordaban de ideas y sentimientos: sentimientos de amor o sentimientos de aborrecimiento. Nadie permanecía impasible en su presencia. Todos se volvían loco por él, unos en adoración y otros en odio. Dondequiera que iba, dejaba a la gente hirviendo y burbujeando. Hubo unos pocos hombres, sus apóstoles, que se acercaron a él. Sobre ellos ejerció una influencia que se extendió hasta las raíces de su ser. Uno de estos hombres, Tomás, era inusualmente lento y frío. No estaba hecho de materia inflamable. No se dejaba llevar fácilmente por la emoción, pues las mareas de la emoción en él no eran fuertes. Pero este hombre, cuando Jesús le propuso un día ir a cierto lugar asediado de peligros, exclamó: "Vayamos también nosotros para morir con él". No es fácil morir a los treinta años. Ninguna persona normal en su estado de ánimo ordinario quiere morir antes de que el sol haya alcanzado el meridiano. Pero este hombre, Tomás, había sido tan conmovido por la personalidad de Jesús que estaba dispuesto a morir con él. He aquí la cúspide del poder: Jesús cambió a las personas. Cambió sus hábitos y opiniones y ambiciones; cambió sus temperamentos y actitudes y naturalezas. Cambió sus corazones. Nunca volvieron a ser los mismos después de entregarse a él. Dios y la humanidad, el mundo y el deber, eran diferentes para ellos después de haberle mirado fijamente a la cara. Allá donde iba, transformaba las vidas humanas. Transfiguró los rostros humanos limpiando los manantiales del corazón. Esto sí que es grandeza.

Y lo que hizo en Palestina, lo ha estado haciendo desde entonces. Dondequiera que se lleve la historia de su vida, cambia el clima del pensamiento y sentimiento. Cada rincón de la tierra por el que se ha anunciado su nombre se ha transformado en ideales e instituciones. La porción del mundo que mira hacia el futuro cuenta los años desde la fecha de su nacimiento.

¡Es la imagen de Dios!

Su grandeza es plena. Estaba lleno de gracia y de verdad. Tenía un encanto que conquistaba y fascinaba. Gustaba a los niños, y los publicanos estaban pendientes de él. Tenía el corazón de un niño, la ternura de una mujer y la fuerza de un hombre. Las tres dimensiones de su vida estaban completas. Tenía ojos que miraban a lo largo de líneas extendidas, que corrían hacia la eternidad; tenía la compasión lo suficientemente amplia como para cubrir a la humanidad hasta su último rincón; tenía un propósito que incluía todas las tierras y edades; su reino ha de ser universal, y no tendrá fin. Él es, en cada punto, completo. Sus virtudes están completamente desarrolladas; sus gracias están todas en flor. Ya no se puede añadir nada más, igual que no puedes añadir nada al cielo. Llevó cada buen rasgo del carácter humano a su límite máximo. Su perdón era ilimitado; su generosidad, incansable; su paciencia, inagotable; su misericordia, inconmensurable; su valor, ilimitable; su sabiduría, insondable; su bondad, interminable; su fe removía montañas; su esperanza fue sin sombra alguna, y su amor fue infinito. Así que es imposible ir más allá de él.

Nunca podremos superarlo. Siempre irá por delante de nosotros. Siempre le oiremos decir: "¡Síganme!". Él es el ideal del corazón. Él es la meta de la humanidad. Es esta plenitud de su carácter lo que explica no solo su belleza sino su poder perenne y creciente. ¡Él es la imagen de Dios!

Libros de Douglas Jacoby

Cuando Dios Calla

El Espíritu

Evidencia convincente de Dios y la Biblia

La aljaba

Verdadero y razonable

Disponible en www.ipibooks.com

Bienvenido al nuevo
Illumination Publishers

www.ipibooks.com